~ The Little Prince ~

# 어린왕자로
# 강해지는 영문독해

## 어린 왕자로 강해지는 영문 독해

**저 자** 이국호
**발행인** 고본화
**발 행** 반석북스
2022년 3월 20일 초판 1쇄 인쇄
2022년 3월 25일 초판 1쇄 발행
**반석출판사** | www.bansok.co.kr
**이메일** | bansok@bansok.co.kr
**블로그** | blog.naver.com/bansokbooks

07547 서울시 강서구 양천로 583. B동 1007호
(서울시 강서구 염창동 240-21번지 우림블루나인 비즈니스센터 B동 1007호)
**대표전화** 02) 2093-3399    **팩 스** 02) 2093-3393
**출 판 부** 02) 2093-3395    **영업부** 02) 2093-3396
**등록번호** 제315-2008-000033호

Copyright ⓒ 이국호

ISBN 978-89-7172-953-3 (13740)

- 교재 관련 문의 : bansok@bansok.co.kr을 이용해 주시기 바랍니다.
- 이 책에 게재된 내용의 일부 또는 전체를 무단으로 복제 및 발췌하는 것을 금합니다.
- 파본 및 잘못된 제품은 구입처에서 교환해 드립니다.

# The Little Prince
# 어린왕자로
# 강해지는 영문독해

## 머리말

**「어린 왕자로 강해지는 영문 독해」에 독자 여러분을 초대합니다**

지구상에서 「성경」 다음으로 많이 팔렸다는 「어린왕자」를 영문으로 읽는다는 건 세계적인 문학 작품을 통한 정서적인 즐거움은 물론 정갈한 영어문장과 수준높은 어휘를 접할 수 있는 기회를 갖게 합니다. 문학작품 속에 자주 등장하는 문법, 문장패턴, 어휘, 관용어구등을 반복해서 읽다보면 영어 실력이 자연스럽게 늘 뿐만 아니라 작가 특유의 고유한 언어를 맛보는 기회를 덤으로 얻을 수 있습니다.

하지만 영어를 전공하지 않은 일반 독자들이나 중·고등학생들이 영어 원서를 읽기가 생각처럼 쉽지 않습니다. 왜냐하면 작품에 등장하는 문장(구조), 어휘, 문체, 표현 등에 대한 사전 정보를 갖추지 않고서는 작품이 의도하는 바를 충분히 이해할 수 없기 때문입니다. 단순한 영문 해석과 간략한 어구 풀이 만으로는 작품을 소화하는 데 많은 어려움이 따릅니다. 이러한 수박 겉핥기식의 방법은 학습 효과를 반감시키며, 시간을 낭비하는 결과를 초래합니다.

원서를 읽는 즐거움과 영어 학습이라는 두 마리 토끼를 한꺼번에 잡는 방법이 없을까요? 이를 위해 필자는 「어린 왕자」 전체 영문 내용을 30일자(챕터별)로 분류(1일 3~6쪽)하여 한 달 안에 완독할 수 있게 꾸몄습니다. 또한 영어를 제대로 구사하기 위해 독자들이 기본적으로 갖추어야 하는 사전 지식 - 리스닝, 문법(문장구조), 어휘, 작문 - 등을 반복해서 학습할 수 있게 페이지를 구성했습니다.

영어를 잘 한다는 것은 결국 각 해당 지식들의 반복 학습을 통한 끊임없는 독서와 작문 연습으로 성취될 수 있습니다. 이러한 목적에 기여하도록 영문 텍스트에 사용된 모든 중요 문법 및 구문을 체계적으로 설명했고, 필요한 경우 유사한 예문을 제시하여 작문에 도움이 되도록 하였습니다. 이 책에서 저자가 제시하는 문법 및 구문 설명과 단어 해설과 청취 훈련을 통해 영어를 듣고 이야기하고 읽고 쓸 수 있는 능력을 갖추기를 바랍니다.

끝으로 독자 여러분의 건강과 행운이 늘 함께 하길 기원합니다.

저자 이국호

## 목차

머리말 ············· 4
이 책의 특징 ············· 6
작품속으로 ············· 8

DAY 01 ············· 10
DAY 02 ············· 18
DAY 03 ············· 30
DAY 04 ············· 38
DAY 05 ············· 48
DAY 06 ············· 60
DAY 07 ············· 68
DAY 08 ············· 76
DAY 09 ············· 82
DAY 10 ············· 88
DAY 11 ············· 96
DAY 12 ············· 104
DAY 13 ············· 114
DAY 14 ············· 124
DAY 15 ············· 132

DAY 16 ············· 142
DAY 17 ············· 154
DAY 18 ············· 168
DAY 19 ············· 178
DAY 20 ············· 184
DAY 21 ············· 194
DAY 22 ············· 200
DAY 23 ············· 208
DAY 24 ············· 214
DAY 25 ············· 222
DAY 26 ············· 234
DAY 27 ············· 240
DAY 28 ············· 248
DAY 29 ············· 260
DAY 30 ············· 272

# 이 책의 특징

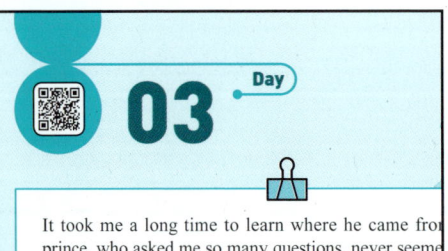

청취력향상을 위해 『어린왕자』 영문 전체를 30일자로 분류한 원어민녹음 mp3파일을 제공합니다. mp3파일을 들으면서 빈칸을 채워보세요. 빈칸에 들어 갈 영단어(구)는 missing words를 참고하시기 바랍니다.

해당 구문에 대한 자세한 설명과 문법 정리를 반복해서 읽다보면 영어 실력이 자연스럽게 늘게 됩니다. 직독직해를 하는데 도움이 되도록 하기 위해 주요문장과 구문을 청크(의미) 단위로 끊었습니다. 본문 해석과 구문 해석이 조금 다른 경우도 있습니다.

단어의 뜻풀이와 그 단어가 가지고 있는 본래 의미와 용례를 싣고 있습니다. 그리고 발음 기호를 병기했기 때문에 mp3파일을 들을 때 이를 활용하시기 바랍니다. 5일차가 끝나면 Vocabulary Check을 통해 중요 어휘를 다시 한 번 체크해보세요.

영어 전반에 대한 실용적이고 최신 정보가 가득 찬 이 책은 읽기 편하고 이해하기 쉽습니다. 모든 낱말의 정의는 영문 텍스트에서 사용된 뜻을 바탕으로 간결하고 필요한 것들만을 제시했습니다. 표제어의 의미가 하나 이상인 경우 가장 널리 쓰이는 뜻을 제시했으며, 단어의 활용을 함께 설명하고 있습니다. 어법(usage)을 설명할 때는 어떤 용법이 일상체이며 어떤 용법이 격식체인 가를 자세히 보여 주려고 노력했습니다.

이 책의 특징은 다음과 같습니다.

첫째, 문장 해설을 할 때, 정확한 독해와 표현을 구사할 수 있도록 하기 위해 문법(grammar)·어법(usage)·구문(structure)에 관한 설명을 독자의 입장에서 자세하게 하였으며, 대부분의 문법서에서 피상적으로 규칙 나열에 그쳤던 항목들에 대하여 용례와 예문을 통해 비교적 상세하게 설명했습니다.

둘째, 다른 영문법 관련 책에서 밝히지 않거나 소홀히 다루고 있지만 「어린 왕자」 영문 텍스트에서 빈번하게 사용된 부분들을 다량 수록하여 영문학 작품을 읽는 데 부족함이 없도록 했습니다 (예를 들면 삽입, 분사구문, 도치구문, 종속접속사 the way, 의문문, 평서문 형식의 의문문, 재귀동사, 현재분사의 구어 용법, 원형부정사의 현대 구어 용법 등).

셋째, 50여 년 전에 발간된 일본식 참고서의 오류를 그대로 답습하여 잘못 알려진 일부 내용들을 권위 있는 영어사전을 통해 올바르게 해설하였습니다.

넷째, 현대 구어 영어뿐만 아니라 AmE(미국영어)와 BrE(영국영어)의 차이점을 실용적이면서도 자주 접하는 평범한 문장들로 알기 쉽게 자세히 구별하여 설명했습니다.

다섯째, 청취력 향상을 위해 영문 텍스트에 주요 단어나 표현들을 블랭크로 처리하여 독자 여러분이 직접 기입하면서 리스닝 실력을 향상시킬 수 있게 했습니다.

### 작품속으로

"아주 간단해. 잘 보려면 마음으로 보아야 해. 가장 중요한 것은 눈에는 보이지 않거든."

- 여우가 어린 왕자에게 한 말 중에서

「어린 왕자」는 프랑스 작가인 생텍쥐페리가 1943년에 발표한 작품으로 '순수성을 잃어가는 어른들을 위한 동화'이다. 이 책은 본래 '어른들을 위한 동화'로 씌였지만, 어린이가 읽으면 동화가 되고 어른이 읽으면 사회에 대한 비판서가 되는 묘한 매력이 있다.

사하라사막 한가운데에 불시착한 비행사인 주인공은 특이하게 생긴 조그만 소년을 만나게 된다. 그 소년이 바로 어린 왕자이다. 어린 왕자는 자신이 사는 별에 자존심이 아주 강한 장미꽃의 오만함을 고쳐 주기 위해서, 그리고 견문을 넓히기 위해서 다른 별들로 여행을 하는 중이었다.

첫 번째 별에는 권위적이고 높임 받길 원하는 왕(남을 지배하고 그들 위에 군림하려는 어른을 비유)이 살고 있었다.

두 번째 별에는 자기를 칭찬하는 말 이외에는 귀를 기울이지 않는 허풍쟁이(위선으로 가득 찬 어른을 비유)가 살고 있었다.

세 번째 별에는 술꾼(허무주의에 빠진 어른을 비유)이 사는 별이었는데, 술을 마시는 것이 부끄러운 나머지 그것을 잊기 위해 술을 마신다고 했다.

네 번째 별에는 우주의 5억 개의 별이 모두 자기 것이라고 하는 상인(물질만능주의에 사로잡힌 어른)이 살고 있었다.

다섯 번째 별에는 1분마다 1번씩 불을 켜고 끄는 점등인(기계문명에 인간성을 상실한 현대인)이 살고 있었다.

여섯 번째 별에는 자신이 사는 별도 아직 탐사해 보지 못한 지리학자(행동을 하지 않고 이론 속에서만 사는 어른)가 살고 있었다.

일곱 번째 별은 지구였는데, 어린 왕자는 이곳에서 지혜로운 여우 한 마리를 만나게 된다. 여우는 어린 왕자에게 본질적인 것은 눈에 보이지 않으며, 다른 존재를 길들여 인연을 맺어 두는 일이 중요하다는 가르침을 준다. 어린 왕자가 지구에 떨어진 지 꼭 1년이 되는 날, 두고 온 장미를 책임지기 위하여 자기 별로 돌아갈 것을 결심한다. 어린 왕자와 헤어지는 생텍쥐페리에게 다음과 같은 말을 남긴다.

"아저씨가 밤에 하늘을 바라보면 내가 그 별 중의 하나에서 살고 있고, 내가 그별 중의 한 별에 서 웃고 있으니까 아저씨에게는 모든 별이 다 웃고 있는 것처럼 보일 거야. 아저씨는 웃을 줄 아는별들을 갖게 될 거야. 그리고 위로를 받으려 할때는 나를 안 것이 기쁠거야. 아저씨는 언제까지나 내 친구가 되지. 나하고 웃고 싶어질 거고, 그리고 가끔 그냥 창문을 열겠지……."

이 작품은 어린 왕자의 죽음으로 끝을 맺는다. 마치 나무가 넘어지듯 조용히 사막에 쓰러진 어린 왕자는 낡은 껍질처럼 자신의 육신을 버리고 만다. 어린 왕자가 깨우쳐 준 값진 진실들을 어른들로 하여금 잊지 않도록 하기 위해 죽음을 선택한 것이다.

# 01 Day

Once when I was six years old I saw a magnificent picture in a book, called True Stories from Nature, about the primeval forest. It was a picture of a boa constrictor in the act of swallowing an animal. Here is a 1._____ _____ the drawing.

In the book it said: "Boa constrictors swallow their prey whole, without chewing it. After that they are not able to move, and they sleep through the six months that they need for 2._____.?"

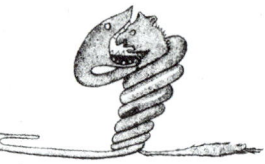

I pondered deeply, then, over the adventures of the jungle. And after some work with a colored pencil I succeeded in making my first drawing. My Drawing Number

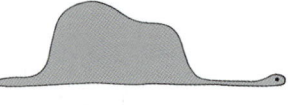

One. It looked like this: I showed my masterpiece to the grown-ups, and asked them whether the 3._____ _____ them.

But they answered: "Frighten? Why should any one be frightened by a hat?"

내가 여섯 살 때 한번은 〈자연계의 실화〉라는 원시림에 관한 책에서 굉장한 그림 한 점을 보았다. 그것은 보아 구렁이가 동물을 삼키고 있는 그림이었다. 이것이 그 그림을 베껴 놓은 것이다.

그 책에 이렇게 씌어 있었다: "보아 구렁이는 먹이를 씹지 않고 통째로 삼킨다. 그런 뒤에 보아 구렁이는 몸을 움직일 수 없게 되고, 먹이를 소화시키기 위해 여섯 달 동안 잠을 잔다."

그래서 나는 밀림의 모험들에 대해 깊이 생각해 보았다. 그리고 난 다음 색연필을 가지고 첫 그림을 완성했다. 나의 제1호 그림이다. 이 그림은 다음과 같았다. 나는 내 걸작품을 어른들에게 보여 주면서, 그림이 무섭지 않은지 물어보았다.

그러나 어른들은 대답했다: "무섭냐고? 모자가 뭐가 무섭다고 그러니?"

### 이 문장은 꼭 기억하세요!

**1** Once when I was six years old / I saw a magnificent picture /
(일찍이) 여섯 살 때           나는 굉장한 그림 한 장을 보았다
in a book.
어느 책에서

📖 내가 여섯 살 때 어느 책에서 굉장한 그림 한 점을 보았다.

**문장의 종류 - 복문**

구조에 의한 문장의 종류에는 단문(하나의 주부와 하나의 술부로 된 문장), 중문(두 개의 단문이 등위접속사로 연결된 문장), 복문(문장 안에 명사절, 형용사절, 부사절을 포함하는 문장)과 혼합문이 있습니다. 이 문장은 시간을 나타내는 부사절(Once when I was six ~)이 앞에 있고 단문(I saw ~)이 뒤에 나온 복문(문장 안에 명사절, 형용사절, 부사절을 포함하는 문장)입니다.

**2** I pondered deeply / over the adventures of the jungle.
나는 깊이 생각해 보았다     밀림의 모험들에 대해

📖 나는 밀림의 모험들에 대해 깊이 생각해 보았다.

**동사 - ponder**

동사 ponder는 어떤 일에 대해 오랜 시간 동안 생각하다. 즉 '~을 깊이 생각하다'는 의미입니다. 어떤 동사가 나타내는 과정이 시간이 길리는 경우 진치사 of를 쓰지 않고 over 또는 about을 씁니다.

### 이 단어는 꼭 기억하세요!

**primeval**[praimíːvəl] 원시시대부터 내려온, 원시시대의, 태고의(지구가 존재한 시기 중 가장 초기)

**primeval forest**[praimíːvəl fɔ́(ː)rist] 원시림

**swallow**[swálou] **a prey**[prei] **whole**[houl] 먹이를 통째로 삼키다

**succeed**[səksíːd] **in (doing)** ~ 에서 (~하는데) 성공하다 *to succeed in passing an exam 시험에 합격하다

### Missing words

1. copy of
2. digestion
3. drawing frightened

Day 01

My drawing was not a picture of a hat. It was a picture of a boa constrictor digesting an elephant. But since the grown-ups were not able to understand it, I made another drawing: I drew the inside of the boa constrictor, so that the grown-ups could see it clearly. They always need to have things explained. My Drawing Number Two looked like this:

The grown-ups' response, this time, was to advise me to 1._____ _____ my drawings of boa constrictors, whether from the inside or the outside, and devote myself instead to geography, history, arithmetic and grammar. That is why, at the age of six, I gave up what might have been a magnificent career as a painter. I had been 2._____ by the failure of my Drawing Number One and my Drawing Number Two. Grown-ups never understand anything by themselves, and it is 3._____ for children to be always and forever explaining things to them.

내 그림은 모자를 그린 것이 아니었다. 그것은 코끼리를 삼키고 있는 보아 구렁이를 그린 그림이었다. 그러나 어른들이 그 그림을 이해하지 못했기 때문에 나는 또 다른 그림을 그렸다: 나는 보아 구렁이의 속을 그렸고, 어른들은 그 그림을 분명하게 볼 수 있었다. 어른들은 언제나 사물을 설명을 해 줄 필요가 있다. 나의 제2호 그림은 다음과 같다:

이번에 어른들의 대답은, 보아 구렁이의 안쪽이든 바깥쪽이든 그리는 것은 집어치우고, 지리, 역사, 산수, 문법에 관심을 가져보라고 충고했다. 이것이 내가 여섯 살 때, 멋진 화가가 되겠다는 꿈을 포기한 이유이다. 내 그림 제1호와 제2호의 실패로 낙심하고 만 것이다. 어른들은 혼자서는 아무것도 이해하지 못하고, 그렇다고 그때마다 늘 설명을 해 주자니 어린이들에겐 피곤한 노릇이었다.

### 이 문장은 꼭 기억하세요!

**3  It was a picture of a boa constrictor / digesting an elephant.**
그것은 보아 뱀을 그린 그림이었다    코끼리 한 마리를 소화시키는
📖 그것은 코끼리를 삼키고 있는 보아 구렁이를 그린 그림이었다.

**현재분사 - 용법**

〈동사원형 + -ing〉 형태인 분사는 명사(a boa constrictor)를 수식·설명하는 형용사의 구실을 하는데, 이 문장에서 쓰인 현재분사(digesting) 앞에는 관계대명사 (which was)가 생략되었습니다.

**4  They always need to / have things explained.**
그들은 언제나 ~할 필요가 있다    사물을 설명해 주다
📖 어른들은 언제나 사물을 설명해 줄 필요가 있다.

**동사 - have**

동사 have 는 사역의 의미를 가지며, 이 문장에서는 〈have + 목적어(things) + 과거분사(explained)〉 형태로 '목적어에게 ~을 하게 하다(시키다)'는 의미로 쓰입니다.(=They always need explanations of things.)

---

**이 단어는 꼭 기억하세요!**

**magnificent**[mægnífəsnt] 훌륭한, 장엄한, 웅장한 (대단히 인상적이고 매력적인)

**career**[kəríər] 직업, 경력(사람이 특정 분야에서 맡은 일련의 업무로 성공하기 위해 평생 하고 싶은 일)
*a colorful career 다채로운[화려한] 경력

**tiresome**[táiərsəm] 지겨운, 진저리가 나는, 성가신

**Missing words**
1. lay aside
2. disheartened
3. tiresome

So then I chose another profession, and learned to 1._____. I have flown a little over all parts of the world; and it is true that geography has been very useful to me. At a glance I can distinguish China from Arizona. If one gets lost in the night, such knowledge is valuable.

2.____ _____ _____ _____ this life I have had a great many encounters with a great many people who have been concerned with matters of consequence. I have lived a great deal among grown-ups. I have seen them intimately, 3._____ _____ _____. And that hasn't? much improved my opinion of them.

Whenever I met one of them who seemed to me at all clear-sighted, I tried the experiment of showing him my Drawing Number One, which I have always kept. I would try to find out, so, if this was a person of true understanding. But, whoever it was, he, or she, would always say:

"That is a hat."

---

그래서 나는 다른 직업을 골랐고, 비행기 조종술을 배웠다. 나는 전 세계의 여기저기를 조금씩 날아다녔다; 그때 지리는 내게 아주 유용했다. 한눈에 보고도 나는 중국과 애리조나를 구별할 수 있었다. 만약 누군가 밤에 길을 잃었을 때, 그런 지식은 매우 가치가 있을 것이다.

이렇게 살아오는 동안, 나는 중요한 문제에 대해 관심을 갖고 있는 어른들을 많이 만났다. 나는 꽤 오랫동안 어른들 틈에서 살아온 것이다. 나는 가까이에서 그들을 친근하게 보았다. 그렇다고 해서 어른들에 대한 내 생각이 나아지진 않았다.

나는 조금 총명해 보이는 사람을 만날 때마다, 내 그림 제1호를 보여 주는 실험을 했다. 나는 그 사람이 제대로 이해할 줄 아는 사람인가 알아내려고 했다. 그러나 그 사람이 누구라도, 남자든 여자든 마찬가지로 말했다:

"그것은 모자잖아."

### 이 문장은 꼭 기억하세요!

**5** **I would try to find out / if this was a person / of true understanding.**
나는 알아내려고 노력하곤 했다　　이 사람이 어떤 사람인지　　정말로 이해력이 있는

📖 나는 그 사람이 제대로 이해할 줄 아는 사람인가 알아내려고 했다.

##### 형용사(구) - of + 추상명사

〈전치사 of + 추상명사〉로 형용사구를 만드는데 이 문장에서는 of true understanding이 명사 person을 수식·설명합니다. 이런 형태는 이 책에서 많이 등장합니다(of consequence 중요한 등).

**6** **Whoever it was, / he, or she, / would always say.**
그 사람이 누구라도　　　남자이건 여자이건　언제나 다음과 말하곤 했다

📖 그 사람이 누구라도, 남자든 여자든 마찬가지로 말했다.

##### 복합관계대명사 - whoever

관계대명사(who)에 -ever가 붙은 것을 복합관계대명사라고 합니다. Whoever는 선행사를 포함하고 있으며 명사절을 이끌고 '~하는 사람은 누구라도'의 의미입니다. 이 문장에서는 whoever가 동사 say의 주어로 사용되었습니다.

**Day 01** 02 03 04 05 06 07 08 09 10

### 이 단어는 꼭 기억하세요!

**at a (single) glance** [glæns] 한눈에, 얼른 보아

**get lost** 길을 잃다 〈구어에서 'get + 과거분사'의 형태로 '동작'을 나타냄〉 *사람에게 무례한 태도로 가라고 할 때 '냉큼 나가 버려, 꺼져 버려'라는 뜻으로도 쓰임

**be concerned** [kənsə́:rnd] **with** ~에 관심을 갖고 있다, 관계하고 있다 cf. concerned for[about] ~에 대해 걱정[근심]하는

### Missing words

1. pilot airplanes
2. In the course of
3. close at hand

Then I would never talk to that person about boa constrictors, or 1._____  _____, or stars. I would bring myself down to his level. I would talk to him about bridge, and golf, and politics, and neckties. And the grown-up would be greatly 2._____ to have met such a sensible man.

그래서 나는 보아 구렁이도, 원시림 이야기도, 별 이야기도 그에게 하지 않았다. 나는 그가 이해할 수 있는 수준의 이야기, 즉 브리지니, 골프니, 정치나 넥타이 같은 것들에 대해서만 말하곤 했다. 그러면 그 어른은 아주 현명한 사람을 만난 것을 매우 기뻐했다.

**이 문장은 꼭 기억하세요!**

**7** **And / the grown-up would be greatly pleased / to have met such a sensible man.**
그러면   그 어른은 크게 기뻐했다                    아주 현명한 사람을
만난 것을

📖 그러면 그 어른은 아주 현명한 사람을 만난 것을 매우 기뻐했다.

**형용사 - pleased**

'기뻐하거나 만족해 하는' 뜻을 나타내는 형용사 pleased는 to부정사와 함께 사용됩니다. 사람을 처음 만났을 때 공손하게 대하는 데에 I'm pleased to meet you.(만나 뵙게 되어 기쁩니다.) We are pleased to be here.(여기 오게 되어 기쁩니다.) 등으로 사용됩니다.

**이 단어는 꼭 기억하세요!**

**sensible**[sénsəbl] 현명한, 분별 있는(훌륭한 지각 또는 건전한 판단력을 갖고 있거나 그것을 보여 주는 것)
= clear-sighted, of true understanding

**Missing words**
1. primeval forests
2. pleased

**Day**
01
02
03
04
05
06
07
08
09
10

  **Day**

## 02

So I lived my life alone, without anyone that I could really talk to, until I had an accident with my plane in the Desert of Sahara, six years ago. Something was broken in my engine. And as I had with me neither a mechanic nor any passengers, I 1._____ _____ _____ _____ the difficult repairs all alone. It was a question of life or death for me: I had scarcely enough drinking water to last a week.

The first night, then, I 2._____ _____ _____ on the sand, a thousand miles from any human habitation. I was more isolated than a shipwrecked sailor on a raft 3._____ _____ _____ _____ the ocean. Thus you can imagine my amazement, at sunrise, when I was awakened by an odd little voice. It said:

"If you please – draw me a sheep."

"What?"

"Draw me a sheep."

---

그렇게 해서 나는 6년 전, 사하라 사막에서 비행기 사고를 당할 때까지, 내 마음을 터놓고 진실 어린 이야기를 할 만한 어떤 사람도 없이 외롭게 살았다. (비행기) 엔진에서 고장이 났다. 정비사도 승객도 없었기 때문에, 나는 혼자서 어려운 수리를 시도해 보았다. 나에게는 생사가 달린 문제였다: 나는 겨우 일주일을 지탱할 수 있는 마실 물밖에 없었다.

첫날 밤, 나는 사람이 사는 곳에서 수천 마일이나 떨어진 사막 위에서 잠이 들었다. 대양 한 가운데 떠 있는 뗏목 위의 난파 선원보다도 더 고립되어 있었다. 그러니 동이 틀 무렵, 기묘한 작은 목소리가 나를 깨웠을 때 내가 얼마나 놀랐는지 상상이나 할 수 있겠는가. 그 목소리는 이렇게 말했다:

"괜찮다면 - 양 한 마리만 그려 줘."

"뭐라고?"

"양 한 마리만 그려 줘."

### 이 문장은 꼭 기억하세요!

**1** **Without anyone / that I could really talk to,**
아무도 없이              내가 진정 말을 할 수 있었다

📖 내 마음을 터놓고 진실 어린 이야기를 할 만한 어떤 사람도 없이,

**관계대명사 - that**

관계대명사 that의 선행사는 사람, 동물, 사물 등 무엇이든지 될 수 있습니다. 특히 선행사가 이 문장처럼 any인 경우에 that을 씁니다(선행사가 사람인 경우 who도 가능). 이 문장에서는 관계대명사 that이 목적격 관계대명사이기 때문에 생략해도 됩니다.

**2** **I had with me / neither a mechanic / nor any passengers.**
나에게는              정비사도                      탑승객도 없었다

📖 나에게는 정비사도 탑승객도 없었다.

**(상관)접속사 - neither A nor B**

neither A nor B(A도 B도 어느 쪽도 아닌)는 형태적으로 〈either A or B〉의 부정형처럼 보이지만, 의미적으로는 〈both A and B A뿐만 아니라 B도〉의 부정형입니다. 주어로 쓰이는 경우 동사의 수는 B에 일치시킵니다. Neither the driver nor the passengers were hurt. (운전자도 승객들도 다치지 않았다.)

### 이 단어는 꼭 기억하세요!

**broken**[bróukən] 고장 난(작동하지 않는다는 뜻)
**set oneself to do** ~하기로 결심하다
**habitation**[hæbitéiʃən] 거주, 주거지, 주소(어떤 장소에 살고 있는 것과 사는 장소)
**be awakened**[əwéikənd] **by** ~에 의해 깨워지다
* awaken보다 wake up이 보다 훨씬 일반적인 표현

### Missing words

1. set myself to attempt
2. went to sleep
3. in the middle of

Day 01 02 03 04 05 06 07 08 09 10

I jumped to my feet, completely thunderstruck. I blinked my eyes hard. I looked carefully 1._____ _____ me. And I saw a most extraordinary small person, who stood there examining me with great seriousness. Here you may see the best portrait that, later, I was able to make of him. But my drawing is certainly very much less charming than its model.

That, however, is not my fault. The grown-ups discouraged me in my painter? career when I was six years old, and I never 2._____ _____ draw anything, except boas from the outside and boas from the inside.

Now I stared at this sudden apparition with my eyes fairly starting out of my head in astonishment. Remember, I had crashed in the desert a thousand miles from any 3._____ _____. And yet my little man seemed neither to be straying uncertainly among the sands, nor 4._____ _____ _____ from fatigue or hunger or thirst or fear. Nothing about him gave any suggestion of a child lost in the middle of the desert, a thousand miles from any human habitation. When at last I was able to speak, I said to him:

---

나는 깜짝 놀라서 벌떡 일어났다. 나는 간신히 눈을 뜨고 주위를 조심스럽게 살폈다. 그랬더니 아주 특이하게 생긴 작은 아이가 나를 진지하게 살펴보고 있었다. 나중에, 내가 그를 그린 그림 중에서 가장 잘 된 초상화가 여기 있다. 그러나 내 그림은 실물보다는 훨씬 덜 매력적이다.

그러나 그것은 내 잘못이 아니다. 나는 여섯 살 때 화가로서의 경력은 어른들에 의해 좌절되었고, 보아 구렁이의 뱃속과 거죽 외에는 어떤 것도 그려 본 적이 없었다.

어쨌든 나는 이런 갑작스런 출현에 눈을 크게 뜨고 바라보았다. 기억해라. 나는 사람 사는 지역에서 수천 마일이나 떨어진 사막에 불시착했었다. 그런데 이 어린아이는 길을 잃은 것처럼 보이지도 않았고, 지치거나 굶주림이나 목마름이나 두려움에 시달리는 것처럼 보이지도 않았다. 아무리 봐도 사람이 사는 동네에서 수천 마일이나 떨어진 사막 한가운데에서 길을 잃은 어린아이 같지는 않았다. 나는 가까스로 정신을 차리고 그 아이에게 말을 걸었다:

## 이 문장은 꼭 기억하세요!

**3** But my drawing is certainly **very much** less charming / than
그러나 내 그림은 훨씬 덜 매력적이다                          실물보다
its model.

📖 그러나 내 그림은 실물보다는 훨씬 덜 매력적이다.

### 비교급 - 강조
비교급을 강조하는 부사(구)에는 much, very much, far, a great deal, a lot, a lot better, a lot worse, a lot more, still, even 등이 있는데 이 문장에서는 very much가 사용되었습니다.

**4** I stared at this sudden apparition / with my eyes fairly starting
나는 이런 갑작스런 출현을 바라보았다                 눈을 크게 뜨고
out of my head / in astonishment.
                 깜짝 놀라서

📖 나는 이런 갑작스런 출현에 눈을 크게 뜨고 바라보았다.

### 분사구문 - 부대상황
〈with + 명사 + 현재분사〉는 분사구문이 변형된 형태로 명사(my eyes)와 보어인 현재분사(starting) 사이에 being이 생략되었다고 볼 수 있습니다. 그리고 전치사 with는 그 자체에 특별한 의미 없이 〈명사 + 보어〉를 주절에 연결시키는 기능을 합니다.

### 이 단어는 꼭 기억하세요!

**thunderstruck**[θʌ́ndərstrʌ̀k] 벼락을 맞은 듯한, 극도로 놀란, 충격을 받은

**most**[moust] 몹시, 매우 * 부정관사와 함께 쓰이는 most는 very라는 뜻으로 주관적인 판단을 나타내는 형용사와 함께 사용할 수 있음

**apparition**[æ̀pəríʃən] 유령, 환영, 출현, 경이적인 것

**in astonishment**[əstániʃmənt] 놀라서

### Missing words
1. all around
2. learned to
3. inhabited region
4. to be fainting

"But – what are you doing here?"

And in answer he repeated, very slowly, as if he were speaking of a matter of great consequence:

"If you please draw me a sheep..."

When a mystery is too 1._____, one dare not disobey. Absurd as it might seem to me, a thousand miles from any human habitation and 2._____ _____ _____ death, I took out of my pocket a sheet of paper and my fountain-pen. But then I remembered how my studies had been concentrated on geography, history, arithmetic, and grammar, and I told the little chap (a little crossly, too) that I did not know how to draw. He answered me:

"That doesn't 3._____. Draw a sheep..."

But I had never drawn a sheep. So I drew for him one of the two pictures I had drawn so often. It was that of the boa constrictor from the outside. And I was astounded to hear the little fellow greet it with,

"그런데 - 너는 여기에서 뭘 하고 있니?"

그리고 그 아이는 마치 아주 중요한 문제를 말하는 것처럼, 아주 천천히 그리고 되풀이해서 대답했다:

"괜찮다면, 양 한 마리만 그려줘……."

신비로움이 너무 압도적일 때는 누구도 감히 그것을 거역하지 못하는 법이다. 사람이 사는 지역에서 수천 마일이나 떨어진 곳에서 죽음의 위험 속에서 그것(양이나 그려 주는)이 터무니없다고 생각하면서도 나는 주머니에서 종이 한 장과 만년필을 꺼냈다. 그러나 그때 내가 공부한 것은 지리, 역사, 수학, 문법이라는 생각이 났고, 나는 어린 친구에게 그림을 그릴 줄 모른다고 (다소 뿌루퉁하게) 말했다. 그는 대답했다:

"상관없어. 양 한 마리만 그려줘……."

그러나 나는 양은 그려 본 적이 없었다. 그래서 내가 종종 그렸던 두 그림 중의 하나를 그에게 그려 주었다. 그것은 겉만 보이는 보아 구렁이의 모습이었다. 그리고 나는 이 어린 친구가 하는 말에 놀랐다.

**이 문장은 꼭 기억하세요!**

**5** **as if** he were speaking of **/** a matter of great consequence
　　마치 그는 말하는 것처럼　　　　　아주 중요한 문제를
　　📖 마치 그는 아주 중요한 문제를 말하는 것처럼

**가정법 – as if 구문**

as if(마치 ~인 것처럼)구문에서는 그 내용이 사실이 아닐 때는 동사를 가정법 과거(과거완료)를 씁니다. 예를 들면, He speaks as if he knew everything. (그는 무엇이나 아는 것처럼 말한다.)은 He speaks as [he would speak] if he knew everything.을 줄인 것입니다.

**6** **So I drew** for him **/** one of the two pictures **/** I had drawn so often.
　　그래서 나는 그에게 그려 주었다　　두 그림 중의 하나를　　내가 종종 그렸던
　　📖 그래서 내가 종종 그렸던 두 그림 중의 하나를 그에게 그려 주었다.

**도치구문 – 짧은 부사구 + 긴목적어**

동사 draw는 Draw a picture for me. = Draw me a picture.(그림 한 장 그려 주세요.)처럼 쓰입니다. 부사구 for him이 목적어인 one of the two pictures ~보다 상대적으로 짧기 때문에 도치가 되었습니다.

---

**이 단어는 꼭 기억하세요!**

**overpower**[òuvərpáuər] (힘으로) 눌러 버리다, 제압하다, 압도하다

**dare**[dεər] **not disobey**[dìsəbéi] 감히 저항·반항하지 못하다(= don't[doesn't] disobey)

**chap**[tʃæp] (남자를 친하게 이르는 말로) 녀석, 친구

**crossly**[krɔ́(:)sli] 화가 나서, 못마땅하여, 시무룩하게

**astound**[əstáund] 몹시 놀래다(사람을 크게 놀라게 하거나 충격 받게 하는 것)

**Missing words**

1. overpowering
2. in danger of
3. matter

"No, no, no! I do not want an elephant inside a boa constrictor. A boa constrictor is a very dangerous creature, and an elephant is very cumbersome. Where I live, everything is very small. What I need is a sheep. Draw me a sheep."

So then I made a drawing.

He looked at it carefully, then he said:

"No. This sheep is already very sickly. Make me another."

So I made another drawing.

My friend smiled gently and 1._____.

"You see yourself," he said, "that this is not a sheep. This is a ram. It has 2._____."

So then I did my drawing over once more.

But it was rejected too, just like the others.

"This one is too old. I want a sheep that will live a long time."

---

"아니야, 이건 아냐! 난 보아 구렁이 뱃속에 있는 코끼리는 원하지 않아. 보아 구렁이는 너무 위험한 동물이고, 코끼리는 아주 거추장스러워. 내가 사는 곳은 모든 것이 아주 작아. 내가 필요한 것은 양이야. 양을 한 마리 그려 줘."

그래서 나는 그림(양)을 그렸다.

그 아이가 그림을 자세히 들여다보더니 말했다:

"아니야. 이 양은 이미 병이 들었는걸. 다른 걸 하나 그려 줘."

나는 다른 그림을 그렸다.

내 친구는 상냥하고 너그럽게 웃었다.

"이것 좀 봐." 그는 말했다. "이건 양이 아니라 염소잖아. 뿔이 있어."

그래서 나는 한 번 더 그림을 그렸다.

그러나 그 그림 역시 다른 그림들처럼 퇴짜 맞았다.

"이건 너무 늙었어. 난 오래 살 수 있는 양을 갖고 싶어."

### 7 What I need / is a sheep.
내가 필요한 것은   양이다

📖 내가 필요한 것은 양이야.

**관계대명사 – what**

이 문장에서 what은 '~인 것, ~하는 것[일]'로 that which 또는 the thing that을 한 단어로 나타낸 것입니다. 즉, what은 선행사를 그 자신 속에 내포하고 있는 관계대명사입니다. 이 문장에서 What I need는 be동사 is의 주어입니다.

### 8 So then / I made a drawing.
그래서     나는 그림(양)을 그렸다

📖 그래서 나는 그림(양)을 그렸다.

**동사 – 명사와의 결합**

make는 수많은 명사와 결합하며 동사 do는 비격식체 영어에서 make 대신 쓰입니다. '그림을 그리다'라고 하는 경우 동사 do와 make를 함께 사용합니다.

### 9 It was rejected too / just like the others.
그것은 역시 퇴짜 맞았다       다른 것들과 똑같이

📖 그 그림 역시 다른 그림들처럼 퇴짜 맞았다.

**부정대명사 – the others**

other는 형용사로 사용되면, 단수·복수 어느 명사나 the other girl(다른 소녀), the other girls(다른 소녀들)처럼 수식할 수 있습니다. 이 문장에서의 the others는 the other drawings의 뜻입니다.

---

**이 단어는 꼭 기억하세요!**

**cumbersome**[kʌ́mbərsəm] (느리고 어려워) 장애·방해가 되는

**indulgent**[indʌ́ldʒənt] (~에게) 멋대로 하게 하는, 응석을 받아 주는(어떤 사람에게 원하는 것은 무엇이나 가지게 하거나 행하게 하는)

**Missing words**

1. indulgently
2. horns

By this time my patience was 1._____, because I was in a hurry to start taking my engine apart. So I 2._____ _____ this drawing.

And I threw out an explanation with it.

"This is only his box. The sheep you asked for is inside."

I was very surprised to see a light break over the face of my young judge:

"That is exactly the way I wanted it! Do you think that this sheep will have to have a 3._____ _____ _____ grass?"

"Why?"

"Because where I live everything is very small…"

"There will surely be enough grass for him," I said. "It is a very small sheep that I have given you."

---

이때쯤 내 인내심도 바닥이 나고 말았다. 왜냐하면 서둘러 엔진을 분해해야 했기 때문이었다.

그래서 나는 이 그림을 대충 그렸다.

그리고 한 마디 설명을 던졌다.

"이건 양이 있는 상자야. 네가 원하는 양은 그 안에 있어."

나는 어린 심판관의 얼굴이 밝아지는 걸 보고 깜짝 놀랐다:

"바로 그게 내가 원했던 거야! 이 양이 풀을 많이 먹는다고 생각해?"

"왜 그러는데?"

"왜냐하면 내가 사는 곳은 모든 게 아주 작거든……."

"거기에는 양들을 위한 풀이 충분하게 있을 거야." 나는 말했다. "내가 너에게 준 양은 아주 작으니까."

**10** **I was very surprised / to see a light break / over the face of**
　　나는 무척 놀랐다　　　　　밝게 변한 것을 보았다　　　어린 감정가의 얼굴이
**my young judge.**

📖 나는 어린 심판관의 얼굴이 밝아지는 걸 보고 깜짝 놀랐다.

### 부정사 - 부사적용법

to부정사의 부사적 용법은 to부정사가 부사 역할을 하며, 동사·형용사·부사 또는 문장 전체를 수식합니다. 이 문장에서는 to see가 과거분사 형용사인 surprised를 수식하며, surprised는 to부정사와 함께 어울립니다.

**11** **That is exactly / the way I wanted it!**
　　그것이 바로　　　　　내가 원했던 바로 그것이다

📖 바로 그게 내가 원했던 거야!

### 종속접속사 - the way

The way절에서 the way의 품사는 명확하게 규정하기 어렵지만 그 기능으로 보아 접속사에 포함시키는 것이 타당할 것입니다. 왜냐하면 the way 다음에 I wanted it 라는 절이 있기 때문입니다.(= That is exactly the kind I wanted!)

### 이 단어는 꼭 기억하세요!

**exhaust**[igzɔ́:st] 어떤 것을 완전히 써 버리다, 다 떨어지게 하다

**toss**[tɔ(:)s] **off** ~을 단숨에 만들어 내다, 뚝딱 해치우다

**throw**[θrou] **out** (별로 생각하지 않은 것을) 말하다, 내뱉다

### Missing words

1. exhausted
2. tossed off
3. great deal of

He bent his head over the drawing:

"Not so small that – Look! He has 1._____ _____ sleep."

And that is how I made the 2._____ of the little prince.

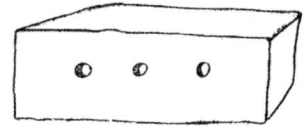

그는 고개를 숙여 그림을 들여다보았다:

"그다지 작지도 않은데 - 이것 봐! 양이 잠들었어."

그리고 그렇게 하여 나는 어린 왕자를 알게 되었다.

**12** **And / that is how / I made the acquaintance of the little prince.**
그리고   그것이 방법이다    내가 어린 왕자를 알게 되었다

📖 그리고 그렇게 하여 나는 어린 왕자를 알게 되었다.

### 관계부사 - how

어떤 방법을 나타내는 관계부사 how는 선행사 없이 사용되고, 명사절을 이끌며 부사절을 이끄는 일은 없습니다. That's how he got out of the danger. (그렇게 해서 그는 위험에서 벗어났다.)

### 이 단어는 꼭 기억하세요!

**go to sleep** 잠들다

**acquaintance**[əkwéintəns] 잘은 몰라도 아는사람, 아는 사이

**make the acquaintance of** ~을 알게 되다, 처음으로 만나다

### Missing words

1. gone to
2. acquaintance

# 03 Day

It took me a long time to learn where he came from. The little prince, who asked me so many questions, never seemed to hear the ones I asked him. It was from words 1._____ _____ chance that, little by little, everything was revealed to me.

The first time he saw my airplane, 2._____ _____ (I shall not draw my airplane; that would be much too complicated for me), he asked me:

"What is that object?"

"That is not an object. It flies. It is an airplane. It is my airplane."

And I 3._____ _____ _____ have him learn that I could fly.

He cried out, then:

"What! You dropped down from the sky?"

"Yes," I answered, 4._____.

---

그가 어디에서 왔는지를 아는 데는 오랜 시간이 걸렸다. 어린 왕자는 내게 수많은 질문을 던지면서도 내 질문에는 결코 귀를 기울이는 것 같지 않았다. 그가 우연히 흘린 말들로 (그에 관한) 모든 것을 알게 되었다.

예를 들면 내 비행기를 처음 봤을 때 (내 비행기는 그리지 않겠다; 너무 복잡한 것이니까.) 그는 나에게 물었다:

"저 물건이 뭐야?"

"저것은 물건이 아니야. 그건 날아다니는 거야. 그것은 비행기야. 내 비행기야."

그리고 내가 날아갈 수 있다는 것을 그에게 가르쳐 주면서 우쭐해졌다.

그러자 그가 소리쳤다:

"뭐라고! 당신이 하늘에서 떨어졌다고?"

"그래." 나는 겸손하게 대답했다.

## 이 문장은 꼭 기억하세요!

**1** **It was from words dropped by chance that**, / little by little, /
다름 아닌 넌 지시하는 말이었다                                점차

**everything was revealed to me.**
모든것이 나에게 밝혀졌다

📖 그가 우연히 흘린 말들로 (그에 관한) 모든 것을 알게 되었다.

### 강조 구문 - It ~ that

이 문장은 이른바 It ~ that 강조 구문입니다. 이 구문에서 강조되는 것은 목적어, 부사(구, 절) 등이며, 여기에서는 부사구 from words dropped by chance가 강조되었습니다. 우리말로 옮길 때는 '~한 것은 바로 ~이다'로 해석합니다.

**2** **What! You dropped down / from the sky?**
뭐라고! 당신이 떨어졌다고?        하늘에서

📖 뭐라고! 당신이 하늘에서 떨어졌다고?

### 문장의 종류 - 평서의문문

사물에 관해 묻는 글을 의문문(Interrogative Sentences)이라고 하며 문장 끝에 의문부호(?)를 붙입니다. 평서의문문은 평서문 뒤에 의문부호를 붙인 것으로, 말하는 사람의 뜻밖의 놀람을 나타내거나 확인하거나 또는 상대방의 말을 되묻기 위해 사용하는 경우가 많습니다.

## 이 단어는 꼭 기억하세요!

**complicated** [kάmpləkèitid] 까다로운, 복잡한, 알기 어려운

**object** [άbdʒikt] 물건, 물체(보거나 만질 수 있는 무생물)

**cry out** 큰 소리로 외치다, 고함치다

### Missing words

1. dropped by
2. for instance
3. was proud to
4. modestly

"Oh! That is funny!"

And the little prince broke into a lovely peal of laughter, which 1._____ me very much. I like my misfortunes to be taken seriously.

Then he added:

"So you, too, come from the sky!"

At that moment I caught 2._____ _____ _____ light in the 3._____ mystery of his presence; and I demanded, abruptly:

"Do you come from another planet?"

But he did not reply. He tossed his head gently, without taking his eyes from my plane:

"It is true that on that you can't have come from very far away…"

---

"아! 재미있어!"

그리고 어린 왕자는 유쾌한 웃음을 크게 터뜨렸으나 나는 무척 화가 났다.

그리고 그는 덧붙였다:

"그럼 당신도 하늘에서 왔군!"

그때 나는 그의 존재의 헤아릴 수 없는 비밀을 이해하는 데 한줄기 빛을 발견했다. 그리고 나는 불쑥 물었다:

"너는 다른 별에서 왔구나?"

그러나 그는 대답하지 않았다. 그의 시선이 내 비행기에 고정된 채 부드럽게 고개를 들었다:

"사실 저것을 타고는 당신이 아주 멀리서 왔을 리가 없다……."

### 이 문장은 꼭 기억하세요!

**3** **The little prince broke into a lovely peal of laughter, / which**
어린 왕자는 유쾌한 웃음을 크게 터뜨렸다                                          그것으로
**irritated me very much.**
나는 무척 화가 났다
📖 어린 왕자는 유쾌한 웃음을 크게 터뜨렸으나 나는 무척 화가 났다.

🔷 관계대명사 - which

관계대명사 which 앞에 쉼표(comma)가 있는 계속 용법으로 일종의 삽입절 역할을 합니다. 이 경우 관계대명사를 〈and[but, for, though] + 주어〉로 보면 됩니다. 관계대명사 which는 앞 문장에 있는 동사어군 broke into a lovely peal of laughter를 가리킵니다.

**4** **It is true that / on that / you can't have come from very far away.**
사실이다              저것을 타고는 당신이 아주 멀리서 왔을 리가 없다
📖 사실 저것을 타고는 당신이 아주 멀리서 왔을 리가 없다.

🔷 조동사 - can't

조동사의 can은 부정문에서 강한 의심이나 놀람을 나타내는데 사용됩니다. 즉 cannot은 강한 부정적 추측을 나타내며 '~일 리가 없다'는 뜻입니다. 그리고 〈cannot have + 과거분사〉는 '~했을 리가 없다'로 과거의 부정적 추측을 나타냅니다.

---

### 이 단어는 꼭 기억하세요!

**break**[breik] **into a peal**[pi:l] **of laughter**[lǽftər] (울리듯 이어지는) 크게 웃음을 터뜨리다 *a peal of laughter 왁자하게 터지는 웃음소리

**a gleam**[gli:m] **of light** 희미한 빛

**impenetrable mystery**[impénətrəbl místəri] 풀 수 없는 수수께끼 * impenetrable 이해할 수 없는, 헤아릴 수 없는

**demand**[diménd] 알고 싶다고 말하다, 캐묻다(어떤 것을 말하라고 사람에게 명령하는 것)

### Missing words

1. irritated
2. a gleam of
3. impenetrable

And he sank into a reverie, which lasted a long time. Then, taking my sheep out of his pocket, he buried himself in the 1._____ of his treasure.

You can imagine how my curiosity 2._____ _____ _____ this half-confidence about the "other planets." I made a great effort, therefore, to find out more on this subject.

"My little man, where do you come from? What is this 'where I live,' of which you speak? Where do you want to take your sheep?"

After a 3._____ silence he answered:

"The thing that is so good about the box you have given me is that at night he can use it as his house."

"That is so. And if you are good I will give you a string, too, so that you can tie him during the day, and a post to tie him to."

But the little prince seemed 4._____ _____ this offer:

---

그리고 그는 한참 동안 깊은 생각에 잠겼다. 그런 다음에 내가 그려 준 양을 주머니에서 꺼내어, 그는 내가 그려준 양 그림을 골똘히 들여다보았다.

'다른 별'에 관한 아리송함에 의해 내 호기심이 얼마나 자극 받았을지 여러분은 상상할 수 있을 것이다. 그래서 나는 이 문제를 더 많이 알기 위해 애를 썼다.

"꼬마 친구, 넌 어디서 왔지? 네가 말하는 '내가 사는 곳'이란 대체 어디지? 네 양을 어디로 데려가기를 원하는 거니?"

그는 말없이 생각에 잠겼다가 대답했다:

"당신이 준 상자가 밤에는 집처럼 이용할 수 있으니까 매우 좋아. 잘 됐어."

"그야 그렇지. 그리고 네가 착하게 굴면 낮에 양을 묶어 놓을 수 있는 끈과 말뚝도 주지."

하지만 어린 왕자는 이 제안에 충격을 받은 듯했다:

> 이 문장은 꼭 기억하세요!

**5** **Then, / taking my sheep out of his pocket, / he buried himself**
그 다음에   자기 호주머니에서 나의 양을 꺼냈다           몰두했다
**/ in the contemplation of his treasure.**
자기의 보물을 오랫동안 보는 것에

📖 그런 다음에 내가 그려 준 양을 주머니에서 꺼내어, 그는 내가 그려준 양 그림을 골똘히 들여다보았다.

### 분사구문 - 부대상황

분사구문(taking이하)이란 분사가 중심이 되어 주절 전체를 부사적으로 수식하는 구문을 말합니다. 분사의 의미상의 주어는 주절의 주어(he)와 같으며, 주절에 대한 수식 관계는 부대상황 구문으로 '~하고, ~하면서, 그리고' 등의 뜻으로 해석할 수 있습니다.

### 이 단어는 꼭 기억하세요!

**sink into(= fall into) reverie**[révəri] 공상에 빠지다 * sank는 sink의 과거형

**contemplate**[kάntəmplèit] ~을 심사숙고하다, ~하려고 생각하다(어떤 것 또는 어떤 일을 할 가능성에 대해 주의 깊게 생각한다는 의미) * contemplation (명) 숙고, 생각

**reflective**[rifléktiv] 사색에 잠기는, 깊이 생각하는 (조용히 생각하거나 생각하는 것을 보여 주는) * 형용사 thoughtful과 동의어

### Missing words

1. contemplation
2. was aroused by
3. reflective
4. shocked by

Day
01
02
03
04
05
06
07
08
09
10

"Tie him! What a queer idea!"

"But if you don't tie him," I said, "he will 1._____  _____ somewhere, and get lost."

My friend broke into another peal of laughter:

"But where do you think he would go?"

"Anywhere. 2._____ ahead of him."

Then the little prince said, 3._____.

"That doesn't matter. Where I live, everything is so small!"

And, with perhaps a hint of sadness, he added:

"Straight ahead of him, nobody can go very far..."

"양을 묶어 놓다니! 참 이상한 생각이군!"

"하지만 그를 묶어 놓지 않는다면," 나는 말했다. "그는 어딘가에 가서 헤매다가 길을 잃을 거야."

내 친구는 다시 웃음을 터뜨렸다:

"당신은 양이 어딜 간다고 생각하는 거야?"

"어디든지. 곧장 앞으로."

그랬더니 어린 왕자는 말했다, 진지하게.

"문제없어. 내가 사는 곳은, 모든 것이 아주 작아!"

그리고, 아마도 좀 슬픈 분위기로, 그는 덧붙였다:

"앞으로 곧장 가도, 아무도 멀리 갈 수는 없어······."

### 6  Tie him! / What a queer idea!

그를 묶어 놓다니! 참 이상한 생각이군!

📖 '양을 묶어 놓다니! 참 이상한 생각이군!'

#### 문장의 종류 - 감탄문

놀람, 즐거움, 희망, 감탄 등의 강한 감정을 나타내는 글을 감탄문(Exclamatory Sentences)이라고 합니다. 문장 끝에 감탄부호(!)를 붙이고 내려 읽습니다(↘). 감탄문의 주어와 동사는 생략되기도 하는데 이 문장에서는 (it is)가 생략되어 있습니다.

### 7  Where I live, / everything is so small!

내가 사는 곳은         모든 것이 아주 작아!

📖 내가 사는 곳은 모든 것이 아주 작아!

#### 관계부사 - where

관계부사 where는 그 자체 내에 선행사를 포함하는 경우가 많습니다. where는 선행사뿐만 아니라 전치사도 포함하는 경우가 있는데, 이 용법의 where는 종속접속사에 가깝고 부사절을 이끌며, In any place where라는 의미로 쓰이고 있습니다.

---

**이 단어는 꼭 기억하세요!**

**wander**[wάndər] **off** (있어야 할 곳에서) 다른 데로 가다, (일행으로부터) 떨어져 나가다

**a hint of sadness**[sǽdnis] (슬픔의) 기미, 기색, 흔적 ~ 기미, 기색, 흔적 * a hint of는 약간의

**add**[æd] ~ 이라고 덧붙이다(무엇을 덧붙여 말하다)

**Missing words**

1. wander off
2. Straight
3. earnestly

# 04 Day

I had thus learned a second fact of great importance: this was that the planet the little prince 1._____ _____ was scarcely any larger than a house!

But that did not really surprise me much. I knew very well that 2._____ _____ _____ the great planets – such as the Earth, Jupiter, Mars, Venus – to which we have given names, there are also hundreds of others, some of which are so small that one has a hard time seeing them through the telescope. When an astronomer discovers one of these he does not give it a name, but only a number. He might call it, for example, "Asteroid 325."

I have serious reasons to believe that the planet from which the little prince came is the asteroid 3._____ _____ B-612.

This asteroid has only once been seen through the telescope. That was by a Turkish astronomer, in 1909.

이렇게 해서 나는 아주 중요한 두 번째 사실을 알게 되었다. 그것은 어린 왕자가 왔던 별이 집 한 채보다 크지 않다는 것이다!

그것은 나에게 크게 놀라운 일은 아니었다. 지구, 목성, 화성, 금성과 같은 이름을 붙여 놓은 큰 행성들 외에도, 수백 개의 다른 별들이 있는데 어떤 것들은 너무 작아서 망원경으로도 거의 보이지 않는다는 것을 잘 알고 있었다. 천문학자가 그런 별을 발견하면 이름 대신 번호를 붙여 준다. 이를테면, '소행성 325호'라고 부르는 것이다.

나는 어린 왕자가 왔던 별이 B-612로 알려진 소행성이라고 믿을 만한 충분한 근거를 가지고 있다.

이 행성은 딱 한 번 망원경을 통해 포착된 일이 있다. 바로 1909년, 터키의 천문학자에 의해서다.

**이 문장은 꼭 기억하세요!**

**1** I knew very well that / in addition to the great planets / such as
　　나는 매우 잘 알고 있었다　　　큰 행성들 외에　　　　　　　　예를 들면

the Earth, Jupiter, Mars, Venus / to which we have given names.
지구, 목성, 화성, 금성　　　　　　　우리가 이름을 붙인

📖 지구, 목성, 화성, 금성과 같은 이름을 붙여 놓은 큰 행성들 외에도 나는 잘 알고 있었다.

**2** I have serious reasons to believe / that the planet from which
　　나는 믿을 만한 그럴 만한 이유가 있다　　　　　어린 왕자가 왔던 그 행성이

the little prince came is / the asteroid known as B-612.
　　　　　　　　　　　　　　B-612로 알려진 소행성

📖 나는 어린 왕자가 왔던 별이 B-612로 알려진 소행성이라고 믿을 만한 충분한 근거를 가지고 있다.

**관계사 – 전치사 + 관계대명사**

고급 영어를 위해 반드시 정복해야 할 부분이 바로 〈전치사 + 관계대명사〉의 구조입니다. 전치사는 관계대명사 앞에 오는 경우도 있고, 문장의 끝에 오는 일도 있지만 that 앞에 오는 전치사는 없습니다.

〈전치사 + 관계대명사〉 다음에는 완전한 문장의 형태가 옵니다. 여기에서 전치사를 결정해 주는 것은 그 관계대명사의 선행사이거나 그 관계사절의 동사입니다. 1)의 give A a name = give a name to A(A에게 이름을 붙이다) 2)의 come from the planet(고향이 그 행성이다)에서 전치사 to와 from이 각각 전치사 which 앞에 온 것입니다.

**Day**
01
02
03
04
05
06
07
08
09
10

**이 단어는 꼭 기억하세요!**

**in addition**[ədíʃən] **to** 게다가, ~도 마찬가지로(as well as), 그 위에, ~에 더하여 * 이미 언급한 것에 다른 것을 추가하는 데 쓰이는 표현

**astronomer**[əstrάnəmər] 천문학자(별에 대한 과학적 연구인 천문학 astronomy를 연구하는 사람)

**astronomical**[æstrənάmikəl] 천문(상)의

**asteroid**[æstərɔ̀id] 소행성 * 원래는 목성과 화성 사이에 있는 수많은 작은 행성 중의 하나를 뜻함

**Missing words**
1. came from
2. in addition to
3. know as

On making his discovery, the astronomer had presented it to the International Astronomical Congress, in a great demonstration. But he was in 1._____ _____, and so nobody would believe what he said.

Grown-ups are like that...

Fortunately, however, for the reputation of Asteroid B-612, a Turkish dictator 2._____ _____ _____ that his subjects, under pain of death, should change to European costume. So in 1920 the astronomer gave his demonstration all over again, 3._____ _____ impressive style and elegance. And this time everybody accepted his report.

If I have told you these details about the asteroid, and made a note of its number for you, it is 4._____ _____ _____ the grown-ups and their ways. Grown-ups love figures. When you tell them that you have made a new friend, they never ask you any questions about essential matters. They never say to you, "What does his voice sound like? What games does he love best? Does he collect butterflies?" Instead, they demand: "How old is he? How many brothers has he? How much does he weigh? How much money does his father make?" Only from these figures do they think they have learned anything about him.

그것을 천문학자가 발견하자마자, 그 천문학자는 국제천문학회에 자신의 발견을 훌륭하게 증명했었다. 그러나 그가 터키 옷을 입었고, 그래서 아무도 그가 한 말을 믿지 않았다.

어른들이란 이런 식이다…….

그러나, 다행스럽게도, 소행성 B-612호의 명성을 위해서, 터키의 한 독재자가 국민들에게 서양식 옷을 입지 않으면 사형에 처한다는 법을 만들었다. 그래서 천문학자는 1920년에 아주 멋있는 옷을 입고 다시 증명을 했다. 그러자 이번에는 모두들 그의 보고를 받아들였다.

내가 소행성 B-612호에 관해 이렇게까지 자세히 이야기하고 그 번호까지 일러주는 것은 어른들과 그들의 방식 때문이다. 어른들은 숫자를 좋아한다. 어른에게 새로 사귄 친구에 대해 이야기를 해도, 그들은 가장 본질적인 것을 물어보는 일은 없다.

그들은 절대 이런 질문을 하지 않는다. "그 애 목소리는 어떠니? 그 애가 제일 좋아하는 놀이는 뭐지? 나비를 수집하니?" 대신에, 그들은 다음과 같이 묻는다: "그는 몇 살이니? 형제는 몇 명이나 있어? 몸무게는 얼마나 나가? 아버지는 돈을 얼마나 버니?"라고 묻는다. 단지 이런 숫자를 통해 어른들은 그 친구를 파악했다고 그들은 생각하는 것이다.

### 이 문장은 꼭 기억하세요!

**3** **On making** his discovery, / the astronomer had presented it / to the
그가 발견하자마자                            그 천문학자는 그것을 발표했다

**International Astronomical Congress,** / **in a great demonstration.**
국제천문학회에                                          훌륭한 입증 방식으로

📖 (그것을 천문학자가) 발견하자마자, 그 천문학자는 국제천문학회에 자신의 발견을 훌륭하게 증명했었다.

▶ 동명사 – on + (동)명사

전형적인 〈전치사 + 동명사〉 구문으로 동명사의 관용표현입니다. 〈On + -ing〉는 문맥상 '~하자마자, ~할 때, ~하면' 등으로 해석합니다. 동명사 대신에 동작 명사가 쓰이는 경우도 많습니다.

**4** **Only from these figures** / **do they think** / **they have learned**
단지 이러한 숫자를 통해서            그들은 생각한다        그들은 그에 대하여

**anything about him.**
어떤 것을 알았다

📖 단지 이러한 숫자를 통해 어른들은 그 친구를 파악했다고 그들은 생각하는 것이다.

▶ 도치 구문 – 강조

도치(문장 구성 요소의 자리바꿈)는 문장을 구성하는 요소들의 위치가 바뀌는 것을 말합니다. 이 문장에서처럼 부사어구(only + 전치사구)의 의미를 강조하기 위해 문장 앞에 위치하게 되면 주어와 동사의 위치가 바뀝니다. 이때 부사어구의 이동에 따라 동사가 일반동사인 경우 조동사 do가 들어가야 합니다(부정의 부사어구 + 조동사 do + 주어 + 동사).

### 이 단어는 꼭 기억하세요!

**present**[priːzént] ~을 제시하다, 발표하다(특별하게 사람이나 사물에 관한 정보를 주거나 나타냄)

**reputation**[rèpjutéiʃən] 평판, 여론, 소문(어떤 사람이나 사물에 대해 일반 사람들이 품고 있는 의견)

**dictator**[díkteitər] 독재자, 전제자(모든 권력을 장악한, 특히 폭력으로 나라를 지배하는 사람)

**on account**[əkàunt] **of** ~의 이유로, ~ 때문에(= because of)

### Missing words

1. Turkish costume
2. made a law
3. dressed with
4. on account of

If you were to say to the grown-ups: "I saw a beautiful house made of rosy brick, with geraniums in the windows and doves on the roof," they would not be able to get any idea of that house at all. You would have to say to them: "I saw a house that cost one hundred thousand frans." Then they would exclaim: "Oh, what a pretty house that is!"

Just so, you might say to them: "The proof that the little prince existed is that he was 1._____, that he laughed, and that he was looking for a sheep. If anybody wants a sheep, that is a proof that he exists." And what good would it do to tell them that? They would shrug their shoulders, and treat you like a child. But if you said to them: "The planet he 2._____ _____ is Asteroid B-612," then they would be convinced, and leave you in peace from their questions.

They are like that. One must not hold it against them. Children should always show great 3._____ toward grown-up people.

---

만약 네가 어른들에게 다음과 같이 말한다면: 즉 저는 창문에는 제라늄 화분이 있고 지붕에는 비둘기가 있는 장미꽃처럼 빨간 벽돌로 만들어진 아름다운 집을 보았다고. 그들은 그 집에 관해 전혀 상상할 수 없을 것이다. 너는 그들에게 다음과 같이 물어야 할 것이다: "저는 십만 프랑짜리 집을 봤어요." 그러면 그들은 소리칠 것이다: "아, 정말 대단한 집이구나!"

그러니까, 너는 그들에게 말해야 할 것이다: "어린 왕자가 존재했다는 증거로 그는 매혹적이었고, 웃었고, 양 한 마리를 가지고 싶어 했어. 어떤 사람이 양을 갖고 싶어 한다면 그건 그가 존재한다는 증거야." 그리고 그들에게 그것을 말하는 게 무슨 소용이 있겠는가? 그들은 어깨를 으쓱해 보이고는 너를 어린아이로 취급할 것이다. 그러나 네가 그들에게 이렇게 말한다면: "그는 소행성 B-612호로부터 왔습니다." 그러면 그들은 납득을 하고, 질문들로부터 평안해질 것이다.

어른들은 그런 것이다. 그들을 나쁘게 생각해서는 안 된다. 어린이는 항상 어른에 대해 엄청난 관용을 보여야 한다.

**5** **If you were to say to the grown-ups: / "I saw a beautiful house**
만약 네가 어른들에게 이렇게 말한다면        나는 장미꽃처럼 빨간 벽돌로

**made of rosy brick," / they would not be able to get any idea**
만들어진 아름다운 집을 보았다   그들은 그런 집에 대하여 전혀 상상할 수 없을 것이다

**of that house at all.**

📖 만일 네가 어른들에게 다음과 같이 말한다면, 즉 장미꽃처럼 빨간 벽돌로 만들어진 아름다운 집을 보았다고. 그들은 그 집에 관해 전혀 상상할 수 없을 것이다.

### 가정법 - 가정법과거

가정법 중에서 가장 많이 쓰이는 가정법 과거는 동사의 과거형(be동사의 경우는 인칭과 시제와 관계없이 were)을 사용하며, if절에 쓰일 경우는 결과절(즉, 주절)에 조동사 과거형(이 문장에서는 would)이 사용됩니다. 명칭은 가정법 과거지만 현재 사실에 반대되는 가정 뿐만 아니라 현재 또는 미래에 있어서 실현성이 극히 희박한 가정을 나타냅니다.

### 이 단어는 꼭 기억하세요!

**exclaim**[ikskléim] (~이라고) 외치다, 소리치다(놀라거나 화가 나는 등의 이유로 어떤 것을 갑자기 큰 소리로 말함)

**shrug**[ʃrʌg] **one's shoulders**[ʃóuldərz] 어깨를 으쓱하다 * shrug는 어떤 사물을 알지 못하거나 흥미가 없다는 것을 알리는 방법으로 어깨를 으쓱하다는 뜻

**hold something against somebody** ~의 일로 ~을 원망하다, ~ 을 거론하며 ~을 비난하다(어떤 사람을 그 사람이 한 어떤 일 때문에 용서하지 않다)

### Missing words

1. charming
2. came from
3. forbearance

But certainly, for us who understand life, figures are a matter of indifference. I should have liked to begin this story 1._____ _____ _____ _____ the fairy-tales. I should have liked to say:

"2._____ _____ _____ _____ there was a little prince who lived on a planet that was scarcely any bigger than himself, and who had need of a sheep..."

To those who understand life, that would have given a much greater air of truth to my story.

For I do not want any one to read my book carelessly. I have suffered too much grief in setting down these memories. Six years have already passed since my friend went away from me, with his sheep. If I try to describe him here, it is to make sure that I shall not forget him. To forget a friend is sad. Not every one has had a friend. And if I forget him, I may become like the grown-ups who are no longer 3._____ _____ anything but figures...

---

하지만 확실하게, 인생을 이해하는 우리에게, 숫자들은 중요한 것이 아니다. 나는 이 이야기를 동화처럼 시작하고 싶었다. 나는 이렇게 말하고 싶었다:

"옛날에 어린 왕자가 자기보다 좀 클까말까 한 별에서 살고 있었는데, 그는 양을 갖고 싶었습니다……."

인생을 이해하는 사람들에게는, 이런 편이 훨씬 더 진실된 느낌을 주었을 것이다.

왜냐하면 나는 아무도 내 책을 성의 없이 읽는 것을 원하지 않기 때문이다. 이 추억들을 기록하면서 나는 깊은 슬픔을 겪었다. 내 친구가 양과 함께 나를 떠난 지 벌써 6년이 흘렀다. 내가 여기서 친구 이야기를 적으려 애쓰는 것은 그를 잊지 않기 위해서다. 친구를 잊는다는 것은 슬픈 일이다. 누구나 친구를 갖고 있지는 않다. 그리고 내가 그를 잊는다면, 나도 숫자 외에는 흥미가 없는 어른들처럼 될지도 모른다…….

> 이 문장은 꼭 기억하세요!

**6** **I do not want / any one to read my book carelessly.**
나는 원하지 않는다    누가 내 책을 성의 없이 읽다

📖 나는 아무도 내 책을 성의 없이 읽는 것을 원하지 않는다.

> 부정사 - 의미상의 주어

to부정사의 의미상의 주어와 문장의 주어가 항상 일치하는 것은 아닙니다. 이 문장에서처럼 to부정사의 의미상의 주어가 문장의 목적어와 일치하는 경우가 있습니다. 즉 동사 want의 목적어인 any one이 to read의 의미상의 주어입니다.

**7** **If I try to describe him here, / it is to make sure / that I shall not forget him. / To forget a friend is sad.**
내가 만약 여기에서 그에 대해 이야기하려 한다면  그것은 확실히 하려는 것이다  나는 결코 그를 잊지 않을 것이다.    친구를 잊는다는 것은 슬프다

📖 내가 여기서 친구 이야기를 적으려 애쓰는 것은 그를 잊지 않기 위해서다. 친구를 잊는다는 것은 슬픈 일이다.

> 부정사 - 명사적 용법

이 문장에서는 to부정사가 3번 나옵니다. 즉 to describe, to make sure, To forget입니다. 첫 번째 to describe는 완전타동사 try의 목적어로서, 두 번째 to make는 be동사의 보어로서 그리고 세 번째 To forget는 주어로서 사용된 것입니다. to부정사의 명사적 용법은 기본적으로 1) 주어 2) 타동사의 목적어 그리고 3) be 동사의 보어로 사용됩니다.

---

> 이 단어는 꼭 기억하세요!

**fairy tale**[fέəri teil](= story) 동화, 요정 이야기(마술적인 일이 일어나는 어린이를 위한 이야기) * 명사 fairy는 날개와 마법의 힘을 가진 상상의 작은 피조물인 '요정'

**suffer**[sʌ́fər] **grief**[gri:f] 비탄에 빠지다 * 명사, grief는 특히 자신이 사랑하는 사람이 죽어서 생기는 극단적인 슬픔인 '비통, 애통, 큰 슬픔, 비탄' 등을 말함

**Missing words**

1. in the fashion of
2. Once upon a time
3. interested in

It is for that purpose, again that I have bought a box of paints and some pencils. It is hard to take up drawing again 1._____ _____ _____, when I have never made any pictures except those of the boa constrictor from the outside and the boa constrictor from the inside, since I was six. I shall certainly try to make my portraits as true to life as possible. But I am not at all sure of success. One drawing goes along all right, and another has no resemblance to its subject. I make some errors, too, in the little prince's height: in one place he is too tall and in another too short. And I feel some 2._____ _____ the color of his costume. So I fumble along as best I can, now good, now bad, and I hope generally fair-to-middling.

In certain more important details I shall make mistakes, also. But that is something that will not 3._____ _____ _____. My friend never explained anything to me. He thought, perhaps, that I was like himself. But I, alas, do not know how to see a sheep through the walls of boxes. Perhaps I am a little like the grown-ups. I have had to grow old.

그런 의도에서, 내가 다시 그림물감 한 상자와 몇 개의 연필을 샀다. 여섯 살 때, 보아 구렁이의 겉과 속 이외에는 그려 본 일이 없는 사람이 이 나이에 다시 그림을 그린다는 것은 힘든 일이다. 물론 되도록 실물에 가깝게 초상화를 그려 보려고 노력은 하겠다. 하지만 꼭 성공하리라는 확신은 없다. 어떤 그림은 괜찮은데 또 어떤 그림은 닮지 않았다. 나는 어린 왕자의 키도 역시 약간의 실수를 저질렀다. 어떤 곳에서는 너무 크고 다른 곳에선 너무 작다. 그리고 나는 그의 옷 색깔에 대해서도 불확실함을 느낀다. 그래서 나는 최선을 다해, 성공과 실패를 거듭하면서 서툰 솜씨로 만지지만 대체로 괜찮기를 바란다.

나는 보다 중요한 어떤 부분에서 역시 실수를 할 것이다. 하지만 그것은 내 잘못이 아니다. 내 친구는 결코 어떤 것도 설명해 준 적이 없었기 때문이다. 그는 아마 내가 자기와 비슷하다고 생각했을지도 모르겠다. 그러나 불행히도, 나는 상자 안에 있는 양을 보는 방법을 모른다. 나도 약간은 어른들과 비슷할지도 모르겠다. 나도 이제 나이가 들었나보다.

## 8. I have had to grow old.
나도 이제 나이가 들었나보다

📖 나도 이제 나이가 들었나보다.

### 동사 - grow

⟨S + V + C⟩의 문형에 사용되는 동사를 연결동사(Linking verbs)라고 합니다. grow는 어떤 상태에서 차차 다른 상태로 변화하는 것으로 '성장하여 ~(으로) 되다, ~이 되다'의 뜻이 있습니다. '차츰 나이가 들거나 키가 크거나 똑똑해지다'는 동사 grow를 써서 grow older[taller, wiser]라고 합니다.

### 이 단어는 꼭 기억하세요!

**true to life** 실물 그대로의

**subject**[sʌ́bdʒikt] 대상, 피사체(자신이 그리거나 사진에 담는 특정 사람, 물체등)

**fumble**[fʌ́mbl] 더듬다, 서투르게 만지다(신경질적으로, 또는 부주의하게 손으로 무엇을 찾거나 붙잡으려 하다)

**fair**[fɛər]**-to-middling** 그저 그런(특별히 좋지도 나쁘지도 않음)

### Missing words

1. at my age
2. doubts about
3. be my fault

  **05** Day

As each day passed I would learn, in our talk, something about the little prince's plant, his 1._____ _____ it, his journey. The information would come very slowly, as it might chance to fall from his thoughts. It was 2._____ _____ _____ that I heard, on the third day, about the catastrophe of the baobabs.

This time, once more, I had the sheep to thank for it. For the little prince asked me abruptly – as if 3._____ _____ a grave doubt – "It is true, isn't it, that sheep eat little bushes?"

"Yes, that is true."

"Ah! I am glad!"

I did not understand why it was so important that sheep should eat little bushes. But the little prince added:

"Then it follows that they also eat baobabs?"

---

하루하루가 지나면서, 대화 중에 어린 왕자의 별과 그곳으로부터의 그의 출발과 그의 여행에 대해 조금씩 알게 되었다. 그의 생각이 우연히 흘러나왔기 때문에, 그 정보는 매우 천천히 나왔다. 사흘째 되는 날, 바오밥 나무의 비극에 대해 그런 식으로 듣게 되었다.

이번에도 역시 양이 도움이 되었다. 어린 왕자가 느닷없이 물었다 - 마치 심각한 의문에 사로잡힌 듯 - "양이 작은 나무를 먹는다는 게 사실이야?"

"그럼, 정말이지."

"아! 잘됐네!"

양이 작은 나무를 먹는다는 게 왜 그렇게 중요한 것인지 나는 알 수 없었다. 그러나 어린 왕자는 말을 이었다:

"그럼 바오밥 나무도 먹겠네?"

### 이 문장은 꼭 기억하세요!

**1** **It is true, isn't it, / that sheep eat little bushes?**
사실이야  양이 작은 나무를 먹는다는 것이?

📖 양이 작은 나무를 먹는다는 것이 사실이야?

#### 문장의 종류 - 부가의문문

말하는 사람의 진위(眞僞) 여부를 완전히 확신하지 못하여, 앞에 한 진술을 확인하기 위하여 의문문을 덧붙이는 문장을 부가의문문이라고 합니다. 앞의 문장이 긍정(is)이면 뒤의 부가의문문은 부정(isn't) 형태이며 앞의 문장이 부정(isn't)이면 뒤의 부가의문문은 긍정(is) 형태가 됩니다.

**2** **I did not understand / why it was so important / that sheep**
나는 이해하지 못했다  왜 그렇게 중요한지  양이

**should eat little bushes.**
작은 나무를 먹어야 하는 것이

📖 양이 작은 나무를 먹는다는 게 왜 그렇게 중요한 것인지 나는 알 수 없었다.

#### 문장의 종류 - 간접의문문

의문문이 다른 문장 속에 들어간 것을 말합니다. 즉, 하나의 문장이나 또 다른 의문문 안에 포함되어 있는 의문문을 말합니다. 이 문장에서처럼 의문문이 일반 동사의 목적절이 될 때에는 평서문의 어순을 취하며 〈의문사(why) + 주어(it) + 동사(was)〉가 됩니다.

### 이 단어는 꼭 기억하세요!

**departure**[dipáːrtʃər] 출발(특히 비행기·자동차 등으로 여행하려고 특정 장소를 향해 떠남)

**catastrophe**[kətǽstrəfi] 대 참사, 대 재해, 큰 재난 (많은 파괴나 고통을 초래하는 끔찍한 사건)

**seize**[siːz] ~을 습격하다, 몰아대다, (감정이) 엄습하다, 몰려 오다 〈보통 수동태로 감정에 대해 별안간 매우 강하게 어떤 사람에게 영향을 미치는 것을 나타냄〉

### Missing words

1. departure from
2. in this way
3. seized by

I 1._____ _____ to the little prince that baobabs were not little bushes, but, on the contrary, trees 2._____ _____ _____ castles; and that even if he took a whole herd of elephants away with him, the herd would not eat up one single baobab.

The idea of the herd of elephants made the little prince laugh.

"We would have to put them 3._____ _____ _____ _____ the other," he said.

But he made a wise comment:

"Before they grow so big, the baobabs start out by being little."

"That is strictly correct," I said. "But why do you want the sheep to eat the little baobabs?"

He answered me at once, "Oh, come, come!", as if he were speaking of something that was self-evident. And I 4._____ _____ _____ make a great mental effort to solve this problem, without any assistance.

---

나는 어린 왕자에게 바오밥 나무는 작은 나무가 아니라 반대로 성(城)만큼이나 거대하다는 것을 지적했다. 비록 그가 한 무리의 코끼리를 데려간다 해도 코끼리 떼는 바오밥 나무 한 그루도 먹어 치우지 못할 것이라고.

한 무리의 코끼리라는 말에 어린 왕자는 웃었다.

"우리는 코끼리들을 포개 겹쳐 놓아야겠어," 그는 말했다.

그런데 그가 이런 지혜로운 말을 했다:

"바오밥 나무도 커다랗게 자라기 전에는 작은 나무에서 시작하겠지."

"그건 단연코 맞는 말이야." 나는 말했다. "그런데 왜 양이 작은 바오밥 나무를 먹었으면 하는 거지?"

어린 왕자는 대번에, "아이, 참!"하며, 그것은 당연하다는 듯이 대답했다. 그래서 나는 아무 도움 없이 이 문제를 푸느라고 한참 머리를 써야만 했다.

**3** **Even if he took a whole herd of elephants away with him, /**
비록 그가 코끼리 떼를 끌고 가도

**the herd would not eat up one single baobab.**
코끼리떼는 바오밥 나무 단 한 그루도 전부 다 먹지 못할 것이다

📖 비록 그가 한 무리의 코끼리를 데려간다 해도 코끼리 떼는 바오밥 나무 한 그루도 먹어 치우지 못 할 것이라고.

### 명사 - 가산명사

가산명사라 할지라도 어떤 무리 또는 사물의 많은 수를 하나하나 개별적으로 헤아리기가 힘든 복수 가산명사의 경우, 집합의 수를 편리하게 나타내기 위해 '부분표현'을 사용합니다. '코끼리 무리[떼]'는 a herd of elephants라고 하며 '양의 무리[양떼]'는 a flock[herd] of sheep이라고 합니다.

### 이 단어는 꼭 기억하세요!

**on the contrary** [kántreri] 이와 반대로, 오히려, 그와는 달리(방금 말한 것이 실제로는 사실과 반대되는 것을 나타냄)

**on top of** ~의 위에(다른 어떤 사람이나 사물 위에, 위쪽에, 또는 덮는다는 뜻)

**oblige** [əbláidʒ] 의무를 지우다, 어쩔[하는] 수 없이 ~하게 하다, 강요·강제하다〈사람에게 어떤 일을 하도록 강요하다 는 뜻으로 to부정사와 흔히 함께 사용됨〉

### Missing words

1. pointed out
2. as big as
3. one on top of
4. was obliged to

Indeed, as I learned, there were on the planet where the little prince lived-as on all planets-good plants and bad plants. 1._____ _____, there were good seeds from good plants, and bad seeds from bad plants. But seeds are invisible. They sleep deep in the heart of the earth's darkness, until some one among them is seized with the desire to awaken.

Then this little seed will stretch itself and begin – timidly at first – to push a charming little sprig 2._____ upward toward the sun. If it is only a 3._____ _____ radish or the sprig of a rose-bush, one would let it grow wherever it might wish. But when it is a bad plant, one must destroy it 4._____ _____ _____ possible, the very first instant that one recognizes it.

Now there were some terrible seeds on the planet that was the home of the little prince; and these were the seeds of the baobab. The soil of that planet 5._____ _____ _____ them. A baobab is something you will never, never be able to get rid of if you attend to it too late. It spreads over the entire planet. It bores clear through it with its roots. And if the planet is too small, and the baobabs are too many, they split it in pieces...

사실, 내가 알기로, 어린 왕자가 살았던 별에는 - 모든 별들과 마찬가지로 - 좋은 식물과 나쁜 식물이 있었다. 결과적으로 좋은 식물들로부터 나온 좋은 씨앗들이 있고 나쁜 식물들로부터 나온 나쁜 씨앗들이 있었다. 하지만 씨앗들은 눈에 보이지 않는다. 그것들(이 씨들)은 땅속 어두운 깊은 곳에서 깊은 잠을 자다가 그중 하나가 깨어날 결심을 한다. 그러면 그 작은 씨는 기지개를 켜고 - 처음엔 수줍은 듯 - 귀엽고 조그마한 가지를 태양을 향해 쑥 내민다. 그것이 무나 장미의 싹이라면 그대로 둬도 된다. 하지만 나쁜 식물일 경우에는 그것을 인식하는 바로 첫 번째 순간에 가능한 빨리 뽑아 버려야 한다.

그런데 어린 왕자의 고향 별에는 무서운 씨앗들이 있었다. 바로 바오밥 나무의 씨앗이었다. 그 별의 땅은 바오밥 나무의 씨앗투성이었다. 바오밥 나무는 때가 늦으면 결코, 결코 없앨 수가 없게 된다. 그것이 별 전체로 확산된다. 뿌리가 별을 관통하고 마는 것이다. 그래서 별이 너무 작고 바오밥 나무가 너무 많으면 별이 산산조각이 나고 만다…….

> 이 문장은 꼭 기억하세요!

**4** **There were** on the planet / where the little prince lived /
별에는 있었다          어린왕자가 살았던 별에는

**as on all planets / good plants and bad plants.**
모든 별들과 마찬가지로    좋은 식물과 나쁜 식물이

📖 어린왕자가 살았던 별에는 모든 별들과 마찬가지로 좋은 식물과 나쁜 식물이 있었다.

### 수 일치 - there 구문

수(number)는 단수와 복수의 구별을 말하고 인칭(person)은 말하는 자신 (1인칭), 상대방(2인칭), 화제가 된 사람이나 사물(3인칭)의 구별을 가리킵니다. be동사의 과거형은 두 개(was, were)이므로 그 수의 구별이 중요합니다. 여기서는 주어가 good plants and bad plants이므로 be동사가 were가 된 것입니다.

**5** **They sleep deep / in the heart of the earth's darkness, / until**
그것들은 깊이 잠들어 있다    지구의 어둠의 심장 속에서

**some one among them is seized / with the desire to awaken.**
그것들 중 어떤 하나가            휩싸일 때까지 깨어나고 싶은 욕망에

📖 그것들(이 씨들)은 땅 속 어두운 깊은 곳에서 깊은 잠을 자다가 그중 하나가 깨어날 결심을 한다.

### 부사, 형용사 - deep

deep은 명사(깊은 곳, 바다), 형용사(깊은)로 사용되는 것은 물론 부사(깊이)로도 쓰이고 deeply는 감정적·추상적으로 '대단히, 깊이'의 뜻으로 사용됩니다.

---

### 이 단어는 꼭 기억하세요!

**in consequence**[kánsəkwèns] ~의 결과로, 결과적으로 * 명사 consequence는 다른 어떤 일의 결과로서 일어나는 일 또는 결과로서 계속하여 일어나는 일인 '결과, 영향'

**sprig**[sprig] 잔가지, 어린 가지(잎이나 꽃이 달린 초목의 작은 부분)

**inoffensive**[ìnəfénsiv] 해롭지 않은(harmless), 악의 없는, 무해한, 거슬리지 않는(다른 사람에게 불쾌감을 주거나 침해할 것 같지 않다는 뜻)

### Missing words

1. In consequence
2. inoffensively
3. sprout of
4. as soon as
5. was infested with

Day 01 02 03 04 **05** 06 07 08 09 10

"It is a question of discipline," the little prince said to me later on. "When you've finished your own toilet in the morning, then 1.____ ____ ____ ____ attend to the toilet of your planet, just so, with the greatest care. You must see to it that you pull up regularly all the baobabs, at the very first moment when they can be 2.____ ____ the rosebushes which they resemble so closely in their earliest youth. It is very tedious work, but very easy." the little prince added.

And one day he said to me: "You ought to make a beautiful drawing, so that the children where you live can see exactly how all this is. That would be very useful to them if they were to travel some day. Sometimes," he added, "there is no harm in putting off a piece of work until another day. But when it is a matter of baobabs, that always means a catastrophe. I knew a planet that was inhabited by a lazy man. He 3.____ three little bushes…"

"그건 규율의 문제야." 어린 왕자가 나중에 말했다. "아침에 몸단장을 하고 나면 이젠 마찬가지로 별을 정성껏 손질해 줘야 해. 너는 장미 덩굴과 구별할 수 있게 되는 즉시 모든 바오밥 나무를 규칙적으로 뽑아야 한다는 것에 유의해야만 한다. 바오밥 나무는 아주 어렸을 때 장미와 매우 흡사하거든. 그건 귀찮지만 아주 쉬운 일이야."라고 어린 왕자는 덧붙였다.

그리고 어느 날 그는 나에게 말했다: "당신은 당신이 사는 곳의 아이들이 이 모든 것에 대해서 정확히 알 수 있도록 예쁜 그림을 하나 그려야 해. 그들이 나중에 여행을 할 때, 그것이 큰 도움이 될 수 있을 거야." 그는 덧붙였다. "할 일을 다음 날로 미루는 것이 나쁘지 않아. 하지만 바오밥 나무의 경우에는 언제나 큰 재앙이 되는 거야. 게으름뱅이가 살고 있는 어느 별을 나는 알고 있어. 그는 작은 나무 세 그루를 무시했어……."

> 이 문장은 꼭 기억하세요!

**6** You must see to it that / you pull up regularly all the baobabs.
너는 유의해야만 한다    너는 모든 바오밥 나무를 규칙적으로 뽑아야 한다

📖 너는 모든 바오밥 나무를 규칙적으로 뽑아야 한다는 것에 유의해야만 한다.

### 대명사 - it

목적어를 필요로 하는 것은 타동사와 전치사이며, 목적어 역할을 할 수 있는 품사는 명사와 대명사(목적격)입니다. 그러나 전치사와 that절 사이의 충돌을 방지하기 위하여 흔히 '가목적어'라고 하는 it이 사용됩니다. 이 문장에서는 전치사 to 다음에 that절을 사용할 수 없기 때문에 it을 사용한 것입니다.

**7** There is no harm in / putting off a piece of work / until
(손)해가 전혀 없다    일을 미루는 것

another day.
다음날까지

📖 (지금) 할 일을 다음 날로 미루는 것이 나쁘지 않아.

### 동명사 - 관용 표현

동명사는 관용구를 이루는 것이 많이 있습니다. 그러나 주의해야 할 것은 '동명사를 포함한 관용 표현'이라고 해서 기계적으로 암기하지 말고 문맥에 맞게 다양하게 해석해야 합니다. '~해 봐야 아무 소용이 없다'는 표현은 There's no -ing / It's no use -ing 등이 있습니다.

---

### 이 단어는 꼭 기억하세요!

**discipline**[dísəplin] 훈육, 수양, 규율, 수련(사람들이 규칙을 따르고 올바르게 행동하도록 양성하는 훈련)

**tedious**[tíːdiəs] 단조롭고 지루한, 오래 끌고 진력나는, 따분한, 싫증나는(지루하고 장기간 계속되는)

**neglect**[niglékt] 등한시하다, 무시·경시하다, (~에) (태만·부주의하여) 충분한 주의를 하지 않다

### Missing words

1. it is time to
2. distinguished from
3. neglected

So, as the little prince described it to me, I have made a drawing of that planet. I do not much like to take the tone of a moralist. But the danger of the baobabs is so little understood, and such considerable risks would be 1._____ _____ anyone who might get lost on an asteroid, that for once I am breaking through my reserve.

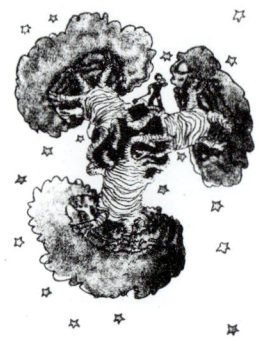

"Children," I say plainly, "watch out for the baobabs!"

My friends, like myself, have been skirting this danger 2._____ _____ _____ _____, without ever knowing it; and so it is for them that I have worked so hard over this drawing. The lesson which I pass on by this means is worth all the trouble it has cost me.

Perhaps you will ask me, "Why are there no other drawings in this book as magnificent and impressive as this drawing of the baobabs?"

The reply is simple. I have tried. But with the others I have not been successful. When I made the drawing of the baobabs I was carried 3._____ _____ by the inspiring force of 4._____ _____.

...................................................................................................

그래서 어린 왕자가 얘기해 주는 대로 나는 그 별을 그렸다. 나는 도덕군자처럼 말하고 싶진 않다. 그러나 바오밥 나무의 위험성은 거의 이해되지 않았고, 어느 소행성에서 길을 잃은 사람이 이런 중대한 위험에 마주하게 될 것이기 때문에, 난생 처음으로 나는 그런 자제심을 버렸다.

"어린이 여러분," 나는 확실하게 말한다. "바오밥 나무를 조심해!"

내 친구들은, 나와 마찬가지로, 오랫동안 이런 위험을 회피해 왔으며 도대체 그것을 알지조차 못하고 있다. 내가 이 그림을 이처럼 정성껏 그린 것은 내 친구들을 위한 것이다. 이 그림을 통해 내가 전하는 교훈은 그림에 큰 수고를 들일 만큼 가치가 있는 것이다.

아마도 여러분은 내게 묻고 싶을 것이다. "이 책에는 왜 바오밥 나무의 그림만큼 훌륭하고 인상적인 그림이 또 없을까?"

대답은 간단하다. 나는 노력했었다. 그러나 다른 그림들처럼 나는 성공하지 못했다. 바오밥 나무를 그릴 때에는 간절한 필요에 의해 특별한 힘이 발휘된 것이다.

**8** **My friends, like myself, / have been skirting this danger for a**
내 친구들은, 나 자신과 마찬가지로　　오랫동안 이런 위험을 회피해 오고 있으며
**long time, / without ever knowing it.**
　　　　　도대체 그것을 알지조차 못한 채

📖 내 친구들은, 나와 마찬가지로, 오랫동안 이런 위험을 회피해 왔으며 도대체 그것을 알지조차 못하고 있다.

### 동사의 시제 - 현재완료진행

현재진행의 뜻이면서 완료의 의미가 들어 있는 경우에는 현재완료진행형(have[has] been + -ing)을 사용합니다. 즉, '어떤 동작이 과거로부터 현재까지 계속되었으며 아직도 계속되고 있음'을 나타냅니다.

### 이 단어는 꼭 기억하세요!

**take(= adapt)**[ədǽpt] **a tone**[toun] **of** ~의 말투를 쓰다

**considerable**[kənsídərəbl] 상당한, 꽤 많은(관심을 끌 수 있거나 눈에 띄는 효과를 낼 만큼 충분한)

**break**[breik] **down one's reserve**[rizə́:rv] (어떤 사람에게) 마음을 터놓고 이야기 하다 * 명사 reserve는 낯을 가리거나 자신의 감정을 숨기는 성질을 말하며 뜻은 '내향성, 신중, 사양, 서먹서먹함'

### Missing words

1. run by
2. for a long time
3. beyond myself
4. urgent necessity

# ★ Vocabulary Check A ★

| | | | |
|---|---|---|---|
| 1 | primeval | | ☑ |
| 2 | tiresome | | ☐ |
| 3 | sensible | | ☐ |
| 4 | habitation | | ☐ |
| 5 | overpower | | ☐ |
| 6 | indulgent | | ☐ |
| 7 | demand | | ☐ |
| 8 | reflective | | ☐ |
| 9 | add | | ☐ |
| 10 | dictator | | ☐ |
| 11 | exclaim | | ☐ |
| 12 | fairy tale | | ☐ |
| 13 | seize | | ☐ |
| 14 | oblige | | ☐ |
| 15 | considerable | | ☐ |

# ★ Vocabulary Check B ★

| # | | | |
|---|---|---|---|
| 1 | 직업, 경력 | | ✓ |
| 2 | 길을 잃다 | | ☐ |
| 3 | 벼락을 맞은 듯한, 극도로 놀란, 충격을 받은 | | ☐ |
| 4 | 유령, 환영, 출현, 경이적인 것 | | ☐ |
| 5 | 화가 나서, 못마땅하여, 시무룩하게 | | ☐ |
| 6 | 어떤 것을 완전히 써 버리다, 다 떨어지게 하다 | | ☐ |
| 7 | 물건, 물체 | | ☐ |
| 8 | ~을 심사숙고하다, ~하려고 생각하다 | | ☐ |
| 9 | 다른 데로 가다, 떨어져 나가다 | | ☐ |
| 10 | 실물 그대로의 | | ☐ |
| 11 | 더듬다, 서투르게 만지다 | | ☐ |
| 12 | 대 참사, 대 재해, 큰 재난 | | ☐ |
| 13 | 이와 반대로, 오히려, 그와는 달리 | | ☐ |
| 14 | 해롭지 않은, 악의 없는, 무해한, 거슬리지 않는 | | ☐ |
| 15 | 등한시하다, 무시·경시하다, 충분한 주의를 하지 않다 | | ☐ |

  **Day**

# 06

Oh, little prince! 1._____ _____ _____ I came to understand the secrets of your sad little life... For a long time, you had found your only entertainment in the quiet pleasure of looking at the sunset. I learned that new detail on the morning of the fourth day, when you said to me:

"I am very 2._____ _____ sunsets. Come, let us go look at a sunset now."

"But we must wait," I said.

"Wait? For what?"

"For the sunset. We must wait until it is time."

At first you seemed to be very much surprised. And then you laughed to yourself. You said to me:

"I am always thinking that I am at home!"

........................................................................................................

아, 어린 왕자! 나는 조금씩 너의 슬픈 생의 비밀을 알게 되었지……. 오랫동안 너에게 유일한 낙이 일몰을 바라보는 고요한 즐거움 밖에 없었지. 나흘째 되는 아침, 네가 나에게 말을 건넬 때, 새로운 일을 알게 되었다:

"나는 해가 지는 것을 무척 좋아해. 자, 지금 일몰을 보러 가자."

"하지만 우리는 기다려야 해." 나는 말했다.

"기다려? 뭘?"

"일몰을 위해. 우리는 해가 질 때까지 기다려야 해."

처음에 너는 무척이나 놀라는 것처럼 보였어. 그리고 난 후 너는 혼자 웃음을 터뜨렸다. 너는 나에게 말했어:

"나는 항상 집에 있는 것처럼 생각하거든!"

### 이 문장은 꼭 기억하세요!

**1** I came **to understand** / the secrets of your sad little life.
나는 이해하게 되었다　　　　너의 슬픈 인생의 여러 비밀들을

📖 나는 너의 슬픈 생의 비밀을 알게 되었지.

**부정사 - 자동사의 보어**

자동사의 보어 용법으로 자동사 come[get] 다음에 to부정사를 써서 '~하게 되다'라는 표현을 만듭니다. I <u>happened to know</u> we're related.(나는 우리가 친척이라는 것을 우연히 알았다.) He often <u>fails to keep</u> his words.(그는 자주 약속을 지키지 않는다.)

**2** Come, let us **go / look** at a sunset now.
자, 가서　　　　　　지금 일몰을 보자.

📖 자, 지금 일몰을 보러 가자.

**부정사 - 원형부정사**

to부정사 대신에 원형부정사를 사용하는 것이 현대 영어의 특징입니다. 특히 이 문장에서처럼 go and look에서 접속사 and가 빠진 형식으로 미국 구어체 영어에서 흔히 쓰입니다. <u>Go see</u> who it is. (누군지 가서 봐라.) Can she <u>come visit</u>?(그녀가 방문할 수 있을까?)

### 이 단어는 꼭 기억하세요!

**for a long time** 오랫동안

**detail** [díːteil] 어떤 것에 대한 하나의 사실이나 정보·세부(내용)

### Missing words

1. Bit by bit
2. fond of

Just so. Everybody knows that when it is noon in the United States the sun is setting over France. If you could fly to France in one minute, you could 1._____ _____ into the sunset, right from noon. Unfortunately, France is too far away for that. But on your tiny planet, my little prince, all you need to do is move your chair a few steps. You can see the day end and the twilight falling whenever you like...

"One day," you said to me, "I saw the sunset 2._____-_____ _____!"

And a little later you added:

"You know – one loves the sunset, when one is so sad…"

"Where you so sad, then?" I asked, "on the day of the forty-four sunsets?"

But the little prince made no reply.

---

사실 그렇다. 모두 알고 있듯이 미국이 정오일 때 프랑스는 해가 진다. 만약 네가 일 분만에 프랑스로 날아갈 수 있다면, 정오에 일몰을 보러 바로 갈 수 있을 것이다. 유감스럽게도, 프랑스는 너무 멀리 떨어진 곳에 있다. 그러나 너의 조그만 별에서는 너는 의자를 조금만 움직이기만 하면 된다. (그러면) 너는 보고 싶을 때마다 하루가 끝나고 저녁놀이 지는 것을 볼 수 있다…….

"어느 날은," 너는 나에게 말했어. "난 해가 지는 걸 마흔 네 번이나 봤어!"

그리고 조금 후에 너는 덧붙였어:

"당신도 알다시피 - 사람이 무척 슬플 때는 일몰을 좋아해…….."

"그렇다면, 너는 그렇게 슬펐니?" 나는 물었어, "마흔 네 번 일몰을 본 바로 그날?"

그러나 어린 왕자는 대답이 없었다.

**이 문장은 꼭 기억하세요!**

**3** All you need to do / is move your chair a few steps. / You can
네가 해야 할 모든 것은　　　너의 의자를 몇 발자국 움직이는 것이다　　　너는 낮이

see the day end / and the twilight falling / whenever you like.
끝나는 것을 볼 수 있다　　저녁놀이 드리워지다　　　네가 원할 때마다

📖 너는 의자를 조금만 움직이기만 하면 된다. (그러면) 너는 보고 싶을 때마다 하루가 끝나고 저녁놀이 지는 것을 볼 수 있다.

**부정사와 분사 - 용법**

현대 구어 영어에서 대단히 많이 쓰이는 구문으로 All you have to [need] do는 '~하기만 하면 되다'는 뜻으로 be동사 다음에 부정사는 원형부정사(move)입니다. 지각동사 (see) 다음의 목적보어로서 원형부정사(end)가 사용되기도 하지만 현대 영어에서는 목적보어로서 부정사 대신에 현재분사(falling)가 더 많이 쓰입니다.

**4** You know / – one loves the sunsets, / when one is so sad.
너는 알고 있다　　사람은 저녁놀을 무척 좋아한다　　　누구나 너무 슬플 때

📖 당신도 알다시피, 사람이 무척 슬플 때는 일몰을 좋아해.

**부정대명사 - one**

말을 하는 사람이나 듣는 사람을 포함하여 일반적인 사람을 나타내는 '사람, 우리, 누구든, 누구나'의 뜻으로 대명사 one은 you와 같은 뜻으로 사용하지만, 대명사 one은 아주 격식을 차리는 경우에 사용하며 일반적으로는 you를 사용합니다.

**이 단어는 꼭 기억하세요!**

**tiny**[táini] 아주 작은, 조그마한, 아주 조금의　＊크기와 양 모두에 쓰임

**twilight**[twáilàit] 땅거미, 해질 녘, 어스름, 황혼(해가 진 뒤에 완전히 어두워질 때까지)

**make[give] no reply**[riplái] 대답하지 않다

**Missing words**

1. go straight
2. forty-four times

On the fifth day – again, as always, it was thanks to the sheep – the secret of the little prince's life 1._____ _____ _____ me. Abruptly, without anything to lead up to it, and as if the question had been born of long and silent meditation on his problem, he demanded.

"A sheep – if it eats 2._____ _____, does it eat flowers, too?"

"A sheep," I answered, "eats anything it finds in its reach."

"Even flowers that have thorns?"

"Yes, even flowers that have thorns."

"Then the thorns – what use are they?"

---

닷새째 되는 날 - 역시, 그랬던 것처럼, 양 덕분에 - 어린 왕자의 삶의 비밀이 밝혀졌다. 그가 불쑥, 뜬금없이 마치 그러한 의문이 자신의 문제에 대한 오랜 침묵의 명상에서 비롯된 것처럼, 나에게 물었다.

"양이 - 작은 나무를 먹는다면, 꽃도 역시 먹겠지?"

"양은," 나는 대답했다. "뭐든 닥치는 대로 먹지."

"심지어 가시가 있는 꽃들도?"

"그래. 가시 달린 꽃들조차도 먹어."

"그럼 가시는 - 무슨 쓸모가 있지?"

> 이 문장은 꼭 기억하세요!

**5** **as if** the question had been born of / long and silent
마치 그러한 의문이 ~에서 생겨난[태어난] 것처럼        자신의
**meditation on his problem.**
문제에 대한 오랜 침묵의 명상

📖 마치 그러한 의문이 자신의 문제에 대한 오랜 침묵의 명상에서 비롯된 것처럼

### 가정법 - as if[though] 구문

가정법을 나타내는 중요 구문인 as if [though]절(부사절)에서 주절의 동사가 '이전의 일' 또는 '그때까지의 계속'을 나타내거나 앞선 시제인 경우는 가정법 과거완료형을 사용합니다. 여기서는 주절의 동사(demanded)보다 앞선 시제를 나타내기 때문에 과거완료형(had been)이 사용되었습니다. 즉, 그가 캐물었던(demanded) 사실보다 그러한 의문이 생겨 났던 일이 더 먼저임을 알 수 있습니다.

### 이 단어는 꼭 기억하세요!

**thanks**[θæŋks] **to** ~덕택에, ~의 탓으로, ~때문에 (어떤 사람이나 사물 때문에)

**meditate**[médətèit] 깊이 생각하다, 명상에 잠기다, 묵상하다(특히 침묵과 정적으로 평온한 느낌이 들게 하여 한 가지에 대해서만 생각하는 것) * 명사형 meditation은 명상, 묵상, 숙고

**in[within] one's reach**[riːtʃ] 손이 닿는 곳에, 힘이 미치는 곳에

### Missing words

1. was revealed to
2. little bushes

Day
01
02
03
04
05
06
07
08
09
10

65

I did not know. At that moment I 1.___ ___ ___ trying to unscrew a bolt that had 2.___ ___ in my engine. I was very much worried, for it was becoming clear to me that the breakdown of my plane was extremely serious. And I had so little drinking-water left that I had to fear for the worst.

"The thorns – what use are they?"

The little prince never let go of a question, once he had asked it. 3.___ ___ ___, I was upset over that bolt. And I answered with the first thing that came into my head:

"The thorns are of no use at all. Flowers have thorns just for spite!"

"Oh!"

There was a moment of complete silence. Then the little prince flashed back at me, with a kind of resentfulness:

"I don't believe you! Flowers are weak creatures. They are naive. They reassure themselves as best they can. They believe that their thorns are terrible weapons..."

---

나도 그것은 알지 못했다. 나는 그때 엔진에 꽉 조인 볼트를 푸는 데 몰두하고 있었다. 나는 비행기의 고장이 아주 심각한 것이 분명했기 때문에 무척 걱정스러웠다. 게다가 마실 물이 별로 남지 않아서 최악의 상황을 당할까 두려웠다.

"가시는 - 무슨 쓸모가 있는 거지?"

어린 왕자는 일단 질문을 했을 때 결코 흘려버리는 일이 없었다. 나로서는 볼트 때문에 심란했다. 나는 머릿속에서 떠오르는 첫 번째 생각으로 대답했다:

"가시는 전혀 쓸모가 없어. 꽃들이 괜히 심술로 가시를 갖고 있는 거지."

"저런!"

잠깐 동안 완전한 침묵이 있었다. 그런 다음 어린 왕자는 원망스런 눈으로 나를 노려보았다:

"난 당신을 안 믿어! 꽃들은 연약한 존재야. 그들은 순진해. 꽃들은 가능한 방식으로 자신을 안심시키는 거야. 가시가 무서운 무기들이 된다고 믿는 거야……."

### 이 문장은 꼭 기억하세요!

**6** **I was very much worried, / for it was becoming clear to me /**
나는 크게 걱정[불안]했다                         왜냐하면 나에게 분명해지고 있었다

**that the breakdown of my plane was extremely serious.**
내 비행기의 고장이 상당히 심각하였다

📖 나는 비행기의 고장이 아주 심각한 것이 분명했기 때문에 무척 걱정스러웠다.

#### 등위접속사 - for

회화에서는 그다지 사용되지 않는 등위접속사 for는 종속접속사 because와는 달리 문장의 앞자리를 차지하지 못합니다. 왜냐하면 글을 쓰고 또는 말을 하고 나서 그 이유를 추가적으로 설명하는 경우에만 사용되기 때문입니다.

**7** **The little prince never let go / of a question, / once he had**
어린 왕자는 결코 놓아준 적이 없었다         어떤 질문이든         일단 자기가

**asked it.**
질문을 했으면

📖 어린 왕자는 일단 질문을 했을 때 결코 흘려버리는 일이 없었다.

#### 동사의 시제 - 과거완료

과거완료는 〈had + 과거분사〉의 형태로 현재완료가 현재를 기준으로 하여 과거를 서술하는 데 반해, 과거완료는 과거의 특정 시점을 기준으로 하여 그 이전의 과거를 나타냅니다. 이 문장에서는 과거 일정한 때의 동작의 완료를 나타냅니다.

### 이 단어는 꼭 기억하세요!

**unscrew**[ʌ̀nskrúː] 악의, 심술(어떤 사람을 다치게 하거나 곤란하게 하려는 욕망) * out of spite 악의로, 화풀이로 in spite of ~에도 불구하고(= despite)

**spite**[spait] ~의 나사를 뽑다·빼다(어떤 물건에서 나사를 빼는 것)

**naive**[nɑːíːv] 순진한(경험이 없어서 대부분의 사람이 정직하고 친절하며 좋은 일이 자기에게 일어날 것이라고 믿는)

**reassure**[rìːəʃúər] ~을 (~에 대해) 안심시키다(어떤 사람이 걱정하거나 두려워하지 않도록 하기 위해 어떤 일을 말하거나 행하는 것) * reassure oneself 스스로를 안심시키다

### Missing words

1. was very busy
2. got stuck
3. As for me

# 07 Day

I did not answer. 1._____ _____ _____ I was saying to myself: "If this bolt still won't turn, I am going to knock it out with the hammer." Again the little prince disturbed my thoughts.

"And you actually believe that the flowers..."

"Oh, no!" I cried. "No, no, no! I don't believe anything. I answered you with the first thing that came into my head. Don't you see – I am very busy with matters of consequence!"

He stared at me, 2._____.

"Matters of consequence!"

He looked at me there, with my hammer in my hand, my fingers black with engine-grease, 3._____ _____ over an object which seemed to him extremely ugly...

나는 대답하지 않았다. 그 순간 나는 이렇게 생각하고 있었다: "이 볼트가 여전히 돌아가지 않으면, 망치로 부셔 버릴 거야." 어린 왕자는 내 생각을 다시 방해했다.

"그럼 당신은 정말로 꽃들이 그렇다고 믿는 거야……."

"아, 아냐!" 나는 외쳤다. "아냐, 아냐. 아냐! 나는 전혀 그렇게 생각하지 않아. 나는 아무렇게나 대답했을 뿐이야. 너는 보이지 않니 - 나는 지금 중요한 일로 바빠!"

그는 깜짝 놀라서, 나를 바라보았다.

"중요한 일이라고!"

그는, 한 손에 망치를 들고서 내 손가락들은 엔진 기름으로 시커멓게 되었으며 그에겐 매우 흉하게 보이는 물건 위로 몸을 구부리고 있는 나를 바라보고 있었다…….

### 이 문장은 꼭 기억하세요!

**1** **If this bolt still won't turn, / I am going to knock it out with the**
만약 이 볼트가 여전히 돌아가지 않으면    나는 그것을 망치로 부셔 버릴 것이다
**hammer.**

📖 이 볼트가 여전히 돌아가지 않으면, 망치로 부셔 버릴 것이다.

**조동사 - will**

미래시제를 만드는 조동사 will이 '주어 의지'의 확장 표현으로 '때'와 관계없는 습성·경향·현재의 고집·거절을 나타내는 경우, 특히 부정문에서는 (이 문장에서처럼) won't 로 쓰여 '아무래도 ~하지 않다'라는 뜻으로 쓰입니다.

**2** **He looked at me there, / with my hammer in my hand, / my fingers**
그는 거기에서 나를 보았다    한 손에 망치를 들고서       내 손가락들은
**black with engine-grease, / bending down over an object.**
엔진 기름으로 시꺼멓게 된       물체 위로 몸을 구부리고 있는

📖 그는, 한 손에 망치를 들고서 내 손가락들은 엔진 기름으로 시꺼멓게 되었으며 어떤 물건 위로 몸을 구부리고 있는 나를 바라보았다.

**분사구문 - 부대상황**

⟨with + 명사 + 형용사[부사어구]⟩는 분사구문이 변형된 형태로 명사와 보어인 형용사[부사어구] 사이에 being이 생략되었습니다. 진치사 with는 그 자체에 특별한 의미 없이 ⟨명사(my hammer in my hand, my fingers black with engine-grease) + 형용사 [부사어구](bending)⟩를 주절에 연결시키는 기능을 합니다.

---

### 이 단어는 꼭 기억하세요!

**disturb**[distə́:rb] ~ 을 방해하다(평온한 상태를 깨뜨림)

**actually**[ǽktʃuəli] 사실은, 실은, 실제로는, 설마 할지 모르지만 * 의견을 강조하거나 새로운 정보를 주는 데 사용하는 부사

**stare**[stɛər] **at** ~ 을 응시하다, 쳐다보다

### Missing words

1. At the instant
2. thunderstruck
3. bending down

"You talk just like the grown-ups!"

That made me a little ashamed. But he went on, 1._____:

"You mix everything up to together... You confuse everything..."

He was really very angry. He tossed his golden curls 2._____ _____ _____.

"I know a planet where there is a certain red-faced gentleman. He has never smelled a flower. He has never looked at a star. He has never loved any one. He has never done anything in his life but add up figures. And all day he says over and over, just like you: 'I am busy with matters of consequence!' And that makes him swell up with pride. But he is not a man – he is a mushroom!"

"A what?"

"3._____ _____!"

The little prince was now white with rage.

---

"당신은 어른들처럼 말하고 있어!"

그 말에 나는 조금 부끄러워졌다. 하지만 그는 가차 없이 말을 계속했다:

"당신은 모든 걸 잘못 알고 있어……. 모든 것을 혼동하고 있어……."

그는 정말로 무척 화가 났다. 그는 금빛 머리칼을 바람 속에서 휙 쳐들었다.

"나는 붉은 얼굴을 가진 어떤 신사가 사는 별을 알고 있어. 그는 꽃향기를 맡아 본 적이 없었어. 별을 바라본 적도 없었어. 그는 어떤 사람도 사랑해 본 적도 없었고. 그는 살아오면서 숫자를 더하는 것 외에는 아무것도 하지 않았어. 그는 하루 종일 당신처럼 반복해서 말해: '나는 중요한 일로 바빠!' 그리고 그 말은 그를 자부심으로 뽐내게 만들지. 하지만 그는 사람이 아니야 - 그는 버섯이야!"

"뭐라고?"

"버섯이라고!"

어린 왕자는 이제 분노로 얼굴이 하얘졌다.

### 3. That made / me / a little ashamed.
그것은 만들었다    나를    조금 부끄럽게

📖 그 말에 나는 조금 부끄러웠다.

**동사의 종류 - 불완전타동사**

목적어를 보충·설명하는 목적격보어와 목적어의 관계는 '목적어 = 목적격보어'입니다(S + V + O + OC). 형용사 ashamed가 목적격보어이며, me = ashamed의 관계가 됩니다. 참고로 make 동사는 다음처럼 쓰입니다. 1) He'll make a good father. [불완전자동사] (그는 좋은 아버지가 될 것이다.) 2) She will make him a good wife. [수여동사] (그녀는 그의 좋은 아내가 될 것이다.) 3) The news made us very sad. [불완전타동사] (그 소식을 듣고 우리들은 매우 슬펐다.)

**이 단어는 꼭 기억하세요!**

**go on** (~을) 계속하다

**relentlessly**[riléntlisli] 끊임없는, 끈질기게, 집요하게(멈추지 않거나 변하지 않는)

**curl**[kə:rl] 곱슬곱슬한 머리카락(구부러진 모양으로 늘어지는 머리카락)

**breeze**[bri:z] 산들바람, 미풍(가볍고 온화한 바람)

**Missing words**

1. relentlessly
2. in the breeze
3. A mushroom

"The flowers have been growing thorns for 1._____ _____. For millions of years the sheep have been eating them just the same. And is it not a matter of consequence to try to understand why the flowers go to so much trouble to grow thorns which are never of any use to them? Is the 2._____ between the sheep and the flowers not important? Is this not of more consequence than a fat red-faced gentleman's sum? And if I know – I, myself – one flower which is unique in the world, which grows nowhere but on my planet, but which one little sheep can destroy in a single bite some morning, without even noticing what he is doing – Oh! You think that is not important!"

His face turned from white to red as he continued:

"If some one loves a flower, of which just one 3._____ _____ grows in all the millions and millions of stars, it is enough to make him happy just to look at the stars. He can say to himself, 'Somewhere, my flower is there...' But if the sheep eats the flower, in one moment all his stars will be darkened... And you think that is not important!"

---

"꽃들은 수백만 년 동안 가시를 만들어 왔어. 양들도 수백만 년 동안 똑같은 방식으로 꽃을 먹어 왔어. 그런데도 그들에게 아무짝에도 쓸모없는 가시를 왜 수고스럽게 만들어 내는지 알려는 게 중요한 일이 아니라는 거야? 양과 꽃들의 싸움이 중요한 게 아니라는 거야? 그게 붉은 얼굴의 뚱보 사내가 하는 계산보다 더 중요하지 않다는 거야? 그래서 만약 이 세상 어디에도 없고 나의 별에만 있는 오직 하나뿐인 한 송이 꽃이 있는데, 작은 양이 어느 날 아침 무심코 그걸 한입에 먹어 버릴 수도 있다는 것을 안다면 - 너는 그게 중요한 일이 아니라는 거야!"

어린 왕자가 계속 이야기를 하면서 얼굴이 하얀색에서 빨갛게 변했다:

"만약에 수백만 개의 별에 자라고 있는 단 한 송이밖에 없는 꽃을 사랑하는 사람은 그 별들을 바라만 봐도 행복할 수 있어. 그는 속으로 말할 수 있어, '저기 어딘가에 내 꽃이 있겠지…….' 하지만 양이 그 꽃을 먹어 버린다면 그 순간 그에게는 모든 별들이 빛을 잃고 말거야……. 그리고 당신은 그게 중요하지 않다고 생각하고 있어!"

### 이 문장은 꼭 기억하세요!

**4** **The flowers have been growing thorns / for millions of years. /**
꽃들은 가시를 만들어 왔다                    수백만 년 동안

**For millions of years / the sheep have been eating them / just**
수백만 년 동안           양들은 그것들을 먹어 왔다           언제나

**the same.**
똑같이

📖 꽃들은 수백만 년 동안 가시를 만들어 왔어. 양들도 수백만 년 동안 똑같은 방식으로 꽃을 먹어 왔어.

**명사 - 복수형**

형태는 단수인데 단수와 복수의 뜻을 모두 가질 수 있는 명사가 있습니다. 이런 명사가 복수의 뜻을 가질 때는 복수 한정사를 수반하며, 주어로 쓰이면 복수동사를 수반합니다. 이 문장에서 나오는 sheep(양)이 대표적입니다(deer 사슴, sheep 양, swine 돼지, trout 송어, fish 물고기, means 수단 등).

**5** **His face turned from white to red / as he continued.**
그의 얼굴은 하얀색에서 빨간색으로 변했다       말을 계속하면서

📖 어린 왕자가 계속 이야기를 하면서 얼굴이 하얀색에서 빨갛게 변했다.

**동사의 종류 - 불완전자동사**

연결동사 turn은 얼음이 물로 변하거나 유충이 나비로 되는 등, 그 이전과는 전혀 다른 상태로 변하는 것을 말합니다. 이 예문은 충격을 받은 얼굴색의 변화를 나타내므로 동사 turn을 쓴 것입니다. '그녀는 당황하여 얼굴이 새빨개졌다'는 She turned bright red. 라고 합니다.

### 이 단어는 꼭 기억하세요!

**warfare**[wɔ́:rfɛ̀ər] 전쟁(전쟁에서 전투 활동을 의미하는 말로 특히 특정한 전투 방법을 언급할 때 주로 쓰이는 말) * chemical warfare 화학전

**blossom**[blɑ́səm] 꽃(한 송이의 꽃 또는 떨기를 이룬 꽃으로, 특히 봄에 과실 나무에 피는 꽃)

**turn**[təːrn] **from A to B** A에서 B로 변하다

**Missing words**

1. millions of years
2. warfare
3. single blossom

Day 01 02 03 04 05 06 07 08 09 10

He could not say 1._____ _____.
His words were 2._____ _____ sobbing.

The night 3._____ _____. I had let my tools drop from my hands. Of what moment now was my hammer, my bolt, or thirst, or death? On one star, one planet, my planet, the Earth, there was a little prince to 4._____ _____. I took him in my arms, and rocked him. I said to him:

"The flower that you love is not in danger. I will draw you a muzzle for your sheep. I will draw you a railing to put around your flower. I will – "

I did not know what to say to him. I felt 5._____ and blundering. I did not know how I could reach him, where I could overtake him and go on hand in hand with him once more.

It is such a secret place, the land of tears.

---

그는 더 말을 잇지 못했다. 흐느낌에 그의 말문이 막히고 말았다.

밤이 되었다. 나는 손에서 연장을 떨어뜨렸다. 이제 망치나 볼트나 갈증이나 죽음이 왜 중요하단 말인가? 한 별, 한 행성, 지구 위에 위로 받아야 할 어린 왕자가 있었다. 나는 어린 왕자를 껴안고 달래면서 그에게 말했다:

"네가 사랑하는 꽃은 안전해. 너의 양을 위해 입마개를 그려 줄게. 꽃 주위에 울타리도 그려주고, 나는 또 -"

나는 그에게 무슨 말을 해야 할지 몰랐다. 나는 쑥스러움과 어색함을 느꼈다. 어떻게 그에게 다가가, 어디에서 그를 따라잡고, 다시 한 번 그의 손을 잡고 가야할지 알 수 없었다.

눈물의 나라는 그렇게 신비한 곳이다.

## 이 문장은 꼭 기억하세요!

**6. Of what moment now was / my hammer, my bolt, or thirst, or death?**
이제 뭐가 그리 중요한 / 망치, 나사, 갈증이나 죽음?

📖 이제 망치나 볼트나 갈증이나 죽음이 왜 중요하단 말인가?

**형용사(구) - of + 추상명사**

of moment(of + 추상명사)가 '중요한'(important)의 뜻으로 '형용사구'로 쓰여 문장의 보어 역할을 합니다.

**7. The flower that you love / is not in danger.**
네가 사랑하는 꽃은 / 위험하지 않다

📖 네가 사랑하는 꽃은 안전해.

**형용사(구) - in + 추상명사**

in danger(in + 추상명사)가 '형용사구'가 되어 연결동사 is의 보어 역할을 합니다. 주어를 설명·수식해 주고 있습니다.

**8. I did not know / what to say to him.**
나는 알지 못했다 / 그에게 무슨 말을 해야 할지

📖 나는 그에게 무슨 말을 해야 할지 몰랐다.

**부정사 - 명사적 용법**

〈의문사 + to부정사〉는 부정사의 명사적 용법으로 '[어떻게(how), 누구(who), 무엇(what), 언제(when), 어디에(where)] ~ 할지'의 뜻으로 명사구를 이룹니다. 그러나 〈why + to부정사〉는 없습니다.

### 이 단어는 꼭 기억하세요!

**choke**[tʃouk] 목이 메다, 메이게 하다, 잠기다(감정이 아주 격해서 목소리가 이상하고 아주 크지 않게 들림)
\* Despair choked his words.(그는 절망에 겨워 말이 나오지 않았다.)

**muzzle**[mʌ́zl] 입마개(원래는 개, 말이나 여우 등의 '코와 입(부분)'을 가리키는 낱말이나 가죽이나 철사로 된, 동물의 코와 입 위에 붙여 물지 못하도록 하는 덮개)

**railing**[réiliŋ] 울타리(보통 나무나 금속으로 된 울타리)

**awkward**[ɔ́:kwərd] 난처한, 어색한(무엇을 하거나 말해야 할지 모를 정도로 심한 당혹감을 느끼게 하는)

### Missing words

1. anything more
2. choked by
3. had fallen
4. be comforted
5. awkward

Day 07

  **Day** 08

I soon learned to know this flower better. On the little prince? planet the flowers had always been very simple. They had only one 1._____ _____ _____; they took up no room at all; they were a trouble to nobody. One morning they would appear in the grass, and by night they would have faded peacefully away. But one day, from a seed 2._____ _____ no one knew where, a new flower had come up; and the little prince had watched very closely over this small sprout which was not like any other small sprouts on his planet. It might, you see, have been a new kind of baobab.

The shrub soon stopped growing, and began to get ready to produce a flower. The little prince, who was present at the first appearance of a huge bud, felt at once that some sort of 3._____ _____ must emerge from it. But the flower was not satisfied to complete the preparations for her beauty in the shelter of her green chamber.

She chose her colors with the greatest care. She dressed herself slowly. She adjusted her petals 4._____ _____ _____.

---

나는 곧 그 꽃에 관해 더 많은 것을 알게 되었다. 어린 왕자의 별에는 꽃들은 항상 소박했다. 그들은 오로지 꽃잎을 한 겹만 가졌다. 그들은 전혀 자리를 차지하지 않았다. 그들은 누구에게도 방해가 되지 않았다. 그들은 어느 날 아침 풀 속에 나타났다가는 밤이면 조용히 사라져 버리곤 했다. 그런데 어느 날, 아무도 알지 못하는 곳에서 날아온 씨앗으로부터 싹이 텄다. 그리고 어린 왕자는 그의 별에서 다른 싹과 닮지 않은 작은 싹을 주의 깊게 지켜보았다. 새로운 종의 바오밥 나무인지도 모를 일이었다.

그 작은 관목은 곧 성장을 멈추고, 꽃을 피울 준비를 하기 시작했다. 커다란 봉오리가 처음 나타나는 것을 보고 있던 어린 왕자는 거기에서 어떤 기적 같은 현상이 나타날 거라는 느낌을 받았다. 그러나 꽃은 녹색 방의 피난처에서 자신의 미를 위해 준비를 끝내는 것에 만족하지 않았다.

꽃은 최대한 조심스럽게 색깔을 고르고 있었다. 그녀(꽃)는 천천히 옷을 입었다. 꽃은 꽃잎을 하나하나 다듬고 있었다.

### 이 문장은 꼭 기억하세요!

**1** One morning / they would appear in the grass, / and by night /
어느 날 아침    그들은 풀 속에서 나타나곤 했다    그리고 밤에는

**they would have faded peacefully away.**
그들은 평화롭게 사라지곤 했다

📖 그들은 어느 날 아침 풀 속에 나타났다가는 밤이면 조용히 사라져 버리곤 했다.

#### 전치사 - by

어두컴컴한 밤(night) 앞에는 여러 가지 전치사가 올 수 있습니다. 가장 일반적인 전치사는 at입니다(work at night 밤에 일하다). 전치사 on은 어느 특정한 밤에 대해 말할 때 쓰입니다(on the night of December first 12월 첫날밤에). 전치사 by는 어느 시간과 관련되어 그 영향이 강하게 미치는 경우로 특히 낮과 대조되는 의미로 '밤에'의 뜻으로 by night가 쓰입니다.

**2** The shrub soon stopped growing, / and began to get ready /
작은 관목은 곧 자라기를 멈추었다    그리고 준비가 되기 시작했다

**to produce a flower.**
꽃을 피우기를

📖 그 작은 관목은 곧 성장을 멈추고, 꽃을 피울 준비를 하기 시작했다.

#### 동사 - stop

동명사와 부정사를 똑같이 목적어로 취하는 동사는 대부분 의미상의 차이가 없지만, 의미가 다른 동사도 있습니다. 대표적인 것이 이 문장에서 쓰인 stop입니다. 즉, 〈stop + 동명사〉는 '~하는 것을 그만두다' 〈stop + to 부정사〉는 '~하기 위해 멈추다'라는 뜻으로 사용됩니다. 이 문장에서 to부정사 to grow를 쓰면 '작은 관목은 자라기 위해서 (동작을) 멈추었다'라는 우스꽝스런 의미가 됩니다.

#### 이 단어는 꼭 기억하세요!

petal[pétl] 꽃잎(꽃의 얇고 부드러우며 빛깔이 있는)
fade[feid] (away) 희미해지다
miraculous[mirǽkjuləs] 기적적인, 불가사의한, 놀랄 만한(예상 밖으로 아주 운이 좋은)
the shelter[ʃéltər] of her green chamber[tʃéimbər] 그녀의 초록 방이라는 피할 곳 (=자신의 초록방)이라는 의미로 쓰임 * shelter는 주거지 (삶의 기본적인 필요조건 중의 하나로 간주되는 것)

#### Missing words

1. ring of petals
2. blown from
3. miraculous apparition
4. one by one

**She did not wish to go out into the world all rumpled**, like the field poppies. It was only in the full radiance of her beauty that she wished to appear. Oh, yes! She was a coquettish creature! And her mysterious 1._____ lasted for days and days.

Then one morning, exactly at sunrise, she suddenly showed herself.

And, after working with all this 2._____ precision, she yawned and said:

"Ah! I am scarcely awake. I beg that you will excuse me. My petals are still all disarranged…"

But the little prince could not restrain his 3._____:

"Oh! How beautiful you are!"

꽃은 꽃양귀비처럼 몹시 헝클어진 채로 세상 속으로 나가고 싶지 않았다. 그녀의 아름다움이 최고로 빛을 발할 때라야 비로소 나타나고 싶어 했다. 아, 정말! 그녀는 너무 요염한 창조물이었다! 그리고 그녀의 신비로운 광채는 여러 날 지속되었다.

그런 다음 어느 날 아침, 바로 해가 떠오르는 시각에 꽃은 갑자기 모습을 드러냈다.

그리고, 그처럼 공들여 몸단장을 한 후에 꽃은 하품을 하며 입을 열었다:

"아! 이제 겨우 잠이 깼답니다. 당신이 용서해 주시길 바랍니다. 제 꽃잎은 여전히 엉망이네요……."

그러나 어린 왕자는 감탄을 금할 수 없었다:

"아! 너는 정말 아름답구나!"

## 3. She did not wish to go out into the world / all rumpled.

그녀는 세상 속으로 나가고 싶지 않았다      완전히 헝클어진 모습으로

📖 꽃은 몹시 헝클어진 채로 세상 속으로 나가고 싶지 않았다.

### 보어 - 준보어

보어는 문장의 필수 요소이지만 준보어는 추가적인 요소입니다. 준보어는 하나의 완전한 문장 다음에 주어의 상태를 추가적으로 설명하는 낱말을 말합니다. 완전자동사는 그 동사 만으로 일단 독립된 의미를 나타냅니다. 그 뒤에 명사나 형용사가 첨가되어 보어의 역할을 하는 게 바로 준보어입니다. 이 문장에서는 all rumpled가 준보어입니다.

### 이 단어는 꼭 기억하세요!

**adjust**[ədʒʌ́st] 바로 잡다(원래 물건이 적절한 상태에 있지 않기 때문에 그것을 조금 변경한다는 의미)

**rumple**[rʌ́mpl] 헝클어 놓다, 구기다(머리카락·옷 등을 엉망으로 만들거나 주름지게 함)

**full radiance**[réidiəns] **of her beauty**[bjú:ti] 아름다움의 완전한 발산 *radiance 밝음, 밝게 빛남(사람의 얼굴로 나타내 는 큰 행복이나 사랑이라는 뜻)

### Missing words

1. adornment
2. painstaking
3. admiration

"Am I not?" the flower responded, sweetly. "And I was born at the same moment as the sun..."

The little prince could guess easily enough that she was not any too modest but how moving and exciting – she was!

"I think 1._____ _____ _____ _____ breakfast," she added an instant later. "If you would have the kindness to think of my needs –"

And the little prince, completely 2._____, went to look for a sprinkling-can of fresh water. So, he tended the flower.

So, too, she began very quickly to 3._____ him with her vanity – which was, if the truth be known, a little difficult to deal with. One day, she said to the little prince:

"그래요?" 꽃이 달콤하게 대답했다. "그리고 난 해와 같은 시간에 태어났답니다……."

어린 왕자는 꽃이 그다지 겸손하지는 않지만 - 얼마나 자극적이고 - 심금을 울리는지 쉽게 짐작할 수 있었다.

"아침을 먹을 시간이군요." 잠시 후 꽃이 다시 말했다. "만약 당신이 내가 필요로 하는 것을 생각할 친절함을 가지고 있다면-"

그리고 몹시 당황한 어린 왕자는 신선한 물이 담긴 물뿌리개를 찾으러 갔다. 그렇게 그는 꽃을 돌봐 주었다.

이렇게 역시, 그 꽃은 태어나자마자 허영심으로 그를 괴롭히기 시작했다 - 그 허영은 진실이 알려진다면 조금 대하기 어려워질 법한 것이었다. 어느 날, 그녀는 어린 왕자에게 이렇게 말했다:

## 4. If you would have the kindness / to think of my needs
당신이 만약 친절하다면 　　　　　　　내가 필요로 하는 것을 생각해 주었으면

📖 친절하게도 제가 필요로 하는 것을 생각해 주었으면

### 명사 - 관용 표현

have the kindness to do는 추상명사가 포함된 전형적인 영어식 표현 방식입니다. 이 문장은 다음과 같이 바꾸어 쓸 수 있습니다. You had the kindness to think of my needs. = You were kind enough to think of my needs. = You were so kind as to think of my needs. = You were so kind that you thought of my needs. = You kindly thought of my needs.(당신은 친절하게도 내가 필요로 하는 것들을 생각해 주었습니다.)

### 이 단어는 꼭 기억하세요!

**modest**[mάdist] 겸손한, 겸허한, 점잖은, 자랑하지 않는(자신의 능력이나 업적에 대해 자랑스럽게 얘기하려 하지 않음)

**tend**[tend] ~을 돌보다, ~에 주의하다, 배려하다, 시중들다(어떤 사람이나 사물을 돌봄)

**torment**[tɔ́ːrment] ~을 ~으로 몹시 괴롭히다, 아픔을 주다(어떤 사람에게 많은 정신적 또는 육체적 고통을 겪게 함)

**vanity**[vǽnəti] 자만심(자신을 너무 자랑스럽게 여기는 마음)

### Missing words
1. it is time for
2. abashed
3. torment

# 09 Day

"Let the tigers come with their 1._____!"

"There are no tigers on my planet," the little prince 2._____. "And, anyway, tigers do not eat weeds."

"I am not a weed," the flower replied, sweetly.

"Please excuse me..."

"I am not at all afraid of tigers," she went on, "but I have a 3._____ _____ _____. I suppose you wouldn't have a screen for me?"

"A horror of drafts – that is bad luck, for a plant," remarked the little prince, and 4._____ _____ himself, "This flower is a very complex creature..."

"At night I want you to put me under a 5._____ _____. It is very cold where you live. In the place I came from – "

---

"발톱을 가진 호랑이들이 와도 괜찮아요!"

"내 별엔 호랑이가 없어." 어린 왕자는 반박했다. "그리고 어쨌든 호랑이는 풀을 먹지도 않아."

"저는 풀이 아니에요." 그 꽃이 부드럽게 대답했다.

"미안해……."

"난 호랑이는 전혀 두렵지 않아요." 그녀는 계속해서 말했다. "하지만 바람에게 공포를 가지고 있어요. 당신이 나를 위해 바람막이를 해 주시지 않겠어요?"

"바람에게 공포 - 그것은 식물에게는 불행한 거야." 어린 왕자는 말했고, 속으로 생각했다. "이 꽃은 아주 까다로운 생물이군……."

"밤에 나는 당신이 유리 덮개를 씌워 주기 원해요. 당신이 사는 곳은 매우 춥군요. 내가 온 곳은 -"

## 이 문장은 꼭 기억하세요!

**1** **Tigers do not eat weeds.**
　호랑이는 풀을 먹지 않아.

### 관사 – 부정관사 a/an

어떤 명사가 속하는 종족 전체를 나타내는 경우 부정관사 a를 사용하는 것은 문어체적 표현입니다. 어떤 종류 전체를 나타내는 표현으로는 tigers처럼 복수형이 가장 일반적입니다. 다음을 비교하세요.

a) Dogs have an acute sense of smell. [구어체 영어]

b) The dog has an acute sense of smell. [딱딱한 문어체 영어]

c) A dog has an acute sense of smell. [일반적인 문어체 영어]
 (개는 예민한 후각을 가지고 있다.)

### 이 단어는 꼭 기억하세요!

**have a horror**[hɔ́:rər] **of** ~을 몹시 싫어하다, ~에 대해 공포심을 갖다

**complex**[kəmpléks] 까다로운, 복잡한(작은 세부 사항들로 가득 차서 이해하거나 설명하기 어려운)

### Missing words

1. claws
2. objected
3. horror of drafts
4. added to
5. glass globe

But she 1._____ _____ at that point. She had come in the form of a seed. She could not have known anything of any other worlds. Embarrassed over having let herself be caught on the verge of such a naive untruth, she coughed two or three times, 2._____ _____ _____ put the little prince in the wrong.

"The screen?"

"I was just going to look for it when you spoke to me..."

Then she forced her cough a little more so that he should suffer from remorse just the same.

So the little prince, 3._____ _____ _____ all the good will that was inseparable from his love,

had soon come to doubt her. He had taken seriously words which were without importance, and it made him very unhappy.

---

그러나 꽃은 그 시점에서 말을 중단했다. 그녀는 씨의 형태로 온 것이다. 그녀는 다른 세상에 대해서 아는 게 있을 리가 없었다. 너무도 순진한 거짓말을 하려다 들킬 것 같아 부끄러워진 꽃은 어린 왕자 탓으로 돌리기 위해서 두세 번 기침을 했다.

"바람막이는요?"

"네가 나에게 말을 했을 때, 그것을 찾기 위해 방금 가는 중이었어······."

그러자 그녀는 어린 왕자에게 아까처럼 가책을 느끼게 하려고 억지로 몇 번 더 기침을 했다.

그리하여 어린 왕자는 사랑에서 나온 호의를 갖고 있음에도 불구하고 꽃을 의심하기 시작했다. 그는 중요하지 않은 말을 심각하게 받아들였고 그 때문에 몹시 불행해졌다.

### 이 문장은 꼭 기억하세요!

**2** **She could not have known / anything of any other worlds.**
그녀는 알 리가 없었다  다른 세상의 어떤것

📖 그녀는 다른 세상에 대해서 아는 게 있을 리가 없었다.

**조동사 - could**

강한 의심이나 놀람을 나타내는 조동사 can[could]는 부정의 부사 not과 함께 사용되어 '도대체 ~일까' 또는 '~일 리가 없다'를 나타냅니다. 조동사 could가 완료형과 함께 사용되는 경우에는 '~할 수도 있었다, ~할 뻔 했다'의 뜻이지만 부정형인 〈could not have + 과거분사〉는 '~이었을 리가 없었다'는 뜻입니다.

**3** **Embarrassed over having let herself be caught / on the verge**
들킬 것 같아 부끄러워진  너무도 순진한

**of such a naive untruth, / she coughed two or three times.**
거짓말을 하려다  그녀는 두세 번 기침을 했다

📖 너무도 순진한 거짓말을 하려다 들킬 것 같아 부끄러워진 꽃은 두세 번 기침을 했다.

**분사구문 - 이유**

분사구문은 〈접속사 + 주어 + 동사〉 형태의 부사절을 접속사와 주어를 생략하고 분사를 이용하여 부사구로 바꾼 것입니다. 이 문장은 As she was embarrassed ~ 의 부사절에서 1) 접속사를 생략하고 2) 주어 (she)를 생략하고 3) 주절과의 시제에 맞게 Being embarrassed~ 으로 바꾼 것입니다. 여기서 being까지 생략하여 Embarrassed over having ~으로 된 것입니다.

### 이 단어는 꼭 기억하세요!

**interrupt**[ìntərʌ́pt] ~을 막다, 중단하다(갑자기 어떤 말이나 행동을 하여 남의 말을 그만두게 함)

**remorse**[rimɔ́ːrs] 깊은 후회, 양심의 가책(매우 나쁜 일을 한 것에 대해 미안해하는 격한 감정)

**inseparable**[insépərəbl] 분리할 수 없는, 떨어질 수 없는 〈주로 from과 함께 사용〉

### Missing words

1. interrupted herself
2. in order to
3. in spite of

"I ought not to have listened to her," he confided to me one day. "One never ought to listen to the flowers. One should simply look at them and breathe their 1._____. Mine perfumed all my planet. But I did not know how to take pleasure in all her grace. This tale of claws, which disturbed me so much, should only have filled my heart with 2._____ _____ _____."

And he continued his confidences:

"The fact is that I did not know how to understand anything! I ought to have 3._____ _____ deeds and not by words. She cast her fragrance and her radiance over me. I ought never to have run away from her... I ought to have guessed all the affection that lay behind her poor little 4._____. Flowers are so inconsistent! But I was too young to know how to love her..."

---

"나는 그녀의 말을 듣지 말았어야 했어." 어느 날 그는 내게 털어놓았다. "꽃들에게 귀를 기울이지 말아야 했어. 그냥 바라보고 향기만 맡으면 돼. 내 꽃은 내 별 가득 향기를 풍겼어. 그런데 나는 그녀의 모든 우아함을 즐기는 방법을 몰랐어. 발톱 이야기가 무척 불쾌했지만, 실은 애정과 동정을 가지고 들었어야 했어."

그는 계속해서 속내를 털어놨다:

"사실 나는 아무것도 이해할 줄 몰랐어! 나는 말이 아닌 행동에 의해서 판단했어야 했어. 꽃은 나에게 향기와 광채를 뿌려 주었어. 나는 꽃에게서 도망치지 말았어야 했는데……. 그녀의 서툰 술책 뒤에 감춰진 애정을 눈치 챘어야 하는 건데. 꽃들은 아주 모순덩어리거든! 하지만 내가 그녀를 사랑하는 법을 알기엔 너무 어렸던 거야……."

### 이 문장은 꼭 기억하세요!

**4** **This tale of claws, / which disturbed me so much, /**
발톱의 이야기　　　　　그 이야기는 나를 너무 불안하게 했다
**should only have filled my heart / with tenderness and pity.**
나의 마음을 채웠어야만 했다　　　　　애정과 동정으로

📖 발톱 이야기가 무척 불쾌했지만, 실은 애정과 동정을 가지고 들었어야 했어.

**특수 구문 - 삽입**

문장 속에 특정 어구를 끼워 넣는 것을 삽입이라고 합니다. 이 문장은 쉼표(comma)에 의하여 둘러싸여 있습니다. 삽입 안에 있는 관계대명사절(which 이하)의 의미는 문맥에 의해 파악해야 합니다. 이 문장은 주절의 조동사 should only have filled로 보아 양보의 의미를 갖고 있습니다.

**5** **The fact is / that I did not know / how to understand anything!**
사실　　　나는 알지 못했다　　　　어떤 것을 이해하는 방법!

📖 사실 나는 아무것도 이해할 줄 몰랐어!

**접속사 - that**

명사절(that 이하)은 보어(be동사 is의 보어)로 사용되고 있습니다. 흔히 (The) Fact is (that)은 전형적인 보어 구문으로 정관사 the가 생략되거나 is 다음에 쉼표(comma)가 있는 경우 접속사 that이 생략되는 경우도 있습니다. that절은 be동사 is의 보어이며 〈the + 명사 + is that〉 구문은 명사 자리에 다른 명사를 넣어 다양하게 표현됩니다.

---

### 이 단어는 꼭 기억하세요!

**confide**[kənfáid] 신뢰하는 사람에게 비밀을 말하다
**stratagem**[strǽtədʒəm] 계략, 책략(적을 속이거나 이득을 얻기 위해 쓰이는 속임수나 계획)
**inconsistent**[ìnkənsístənt] 일치하지 않은, 앞뒤가 맞지 않는, 모순된(두 개의 생각 또는 진술이 다르고 두 개 모두가 사실일 수 없다는 의미)

### Missing words

1. fragrance
2. tenderness and pity
3. judged by
4. stratagems

# 10 Day

I believe that for his escape he 1._____ _____ _____ the migration of a flock of wild birds. On the morning of his departure he put his planet in perfect order. He carefully cleaned out his active volcanoes. He possessed two active volcanoes; and they were very 2._____ _____ heating his breakfast in the morning. He also had one volcano that was extinct. But, as he said, "One never knows!" So he cleaned out the extinct volcano, too. If they are well cleaned out, volcanoes burn slowly and steadily, without any eruptions. Volcanic eruptions are like fires in a chimney.

On our earth we are obviously much too small to clean out our volcanoes. That is why they bring no end of trouble upon us.

He believed that he would never want to return. But on this last morning all these familiar tasks seemed very 3._____ to him. And when he watered the flower for the last time, and prepared to place her under the shelter of her glass globe, he realized that he was very close to tears.

나는 어린 왕자가 도피를 위해서 철새 떼의 이동을 이용했을 거라 생각한다. 떠나는 날 아침 그는 별을 완벽하게 정리해 놓았다. 그는 활화산들을 조심스럽게 청소했다. 그에겐 활화산이 두 개 있었다. 그리고 그것들은 오전에 아침식사를 데우는 데 아주 편리했다. 그는 역시 활동을 멈춘 화산(사화산)도 하나 가지고 있었다. 그러나 "아무도 결코 알지 못해!"라는 그의 말처럼 사화산도 역시 청소했다. 화산들은 잘 청소되어 있으면 폭발하지 않고 천천히 규칙적으로 타오른다. 화산 폭발은 굴뚝의 불과 마찬가지다.

우리 지구 위에서는 화산을 청소하기에는 우리가 분명히 너무 작다. 그래서 화산이 우리에게 계속 말썽 부리는 것이다.

그는 다시는 돌아오지 않으리라 생각했다. 그런데 그 마지막 아침에는 익숙한 그런 작업들이 매우 소중하게 느껴졌다. 그리고 마지막으로 꽃에 물을 주고 유리 덮개를 씌워 주려는 순간 그는 눈물이 나올 것 같았다.

### 이 문장은 꼭 기억하세요!

**1** **But, / as he said, / "One never knows!"**
그러나  그가 말했던 것처럼 "아무도 모른다!"

📖 그러나 "아무도 결코 알지 못해!"라는 그의 말처럼

**특수 구문 - 삽입**

접속사 as 다음의 〈주어 + 동사〉는 '~이듯이, ~이지만' 등의 뜻을 가진 삽입절입니다. As 이하의 삽입절은 다음 문장처럼 주어 다음에 놓을 수도 있습니다. Clouds, as you know, are made up of tiny drops of water. (구름은, 알고 있는 것처럼, 아주 작은 물방울로 되어 있다.)

**2** **That is why / they bring no end of trouble upon us.**
그것이 바로 이유이다  그것들이 우리들에게 한없이 많은 어려움을 가져다주다

📖 그래서 화산이 우리에게 계속 말썽 부리는 것이다.

**관계부사 - why**

구어 영어에서 관계부사 why는 선행사 없이 사용되고 명사절을 이끌거나 또 the reason 다음에 why를 생략하여 절이 올 수 있는데 그 뜻은 어느 것이나 마찬가지입니다. That is why는 '그것이 바로 ~이유이다'입니다.

### 이 단어는 꼭 기억하세요!

**take advantage**[ədvǽntidʒ] **of** ~을 이용하다(원하는 것을 하거나 얻는 데 유리하도록 상황이나 사물을 이용하는 것)

**no end of** (한없이) 많은, 엄청난

**dejection**[didʒékʃən] 낙담, 의기소침(아주 울적한 기분)

### Missing words

1. took advantage of
2. convenient for
3. precious

"Goodbye," he said to the flower.

She made no answer.

"Goodbye," he said again.

The flower 1._____. But it was not because she had a cold.

"I have been silly," she said to him, at last. I ask your forgiveness. Try to be happy..."

He was surprised by this 2._____ _____ reproaches. He stood there all bewildered, the glass globe held arrested in mid-air. He did not understand this quiet sweetness.

"Of course I love you," the flower said to him. "It is my fault that you have not known it 3._____ _____ _____. That is of no importance. But you – you have been just as foolish as I. Try to be happy... let the glass globe be. I don't want it any more."

---

"안녕." 그가 꽃에게 인사했다.

꽃은 대답하지 않았다.

"안녕." 그는 다시 말했다.

꽃은 기침을 했다. 그러나 그것은 그녀가 감기에 걸렸기 때문이 아니었다.

"내가 어리석었어요." 마침내 꽃이 그에게 말했다. "용서해 줘요. 부디 행복하세요……."

어린 왕자는 비난의 말이 없다는 것에 놀랐다. 그는 유리 덮개를 든 채 당황하여 그곳에 서 있었다. 이 조용한 친절을 이해할 수 없었다.

"물론 난 당신을 사랑해요." 꽃이 그에게 말했다. "그동안 당신이 그걸 몰랐던 것은 내 잘못이에요. 그건 중요하지 않아요. 하지만 당신도 - 당신도 나처럼 어리석었어요. 부디 행복해요……. 유리 덮개는 그냥 두세요. 이젠 더 이상 원하지 않아요."

**3** **But / it was not / because she had a cold.**
그러나  그것은 아니었다   그녀가 감기에 걸렸기 때문이다

📖 그러나 그것은 그녀가 감기에 걸렸기 때문이 아니었다.

### 접속사 – 부사절
문장에서 주어가 될 수 있는 것은 명사에 해당하는 어구나 절입니다. 그러나 현대 영어에서는 부사절도 주어 또는 보어로 사용되기도 합니다. 이 문장에서는 부사절 (because she had a cold)이 보어로 사용되었습니다.

**4** **He stood there / all bewildered, / (with) the glass globe held**
그는 그곳에 서 있었다    어리둥절하며        유리 덮개를 공중에

**arrested in mid-air.**
들고 있는 상태에서

📖 그는 유리 덮개를 손에 든 채 당황하여 그곳에 서 있었다.

### 분사구문 – 부대상황
〈with + 명사 + 과거분사〉는 분사구문의 변형된 형태로 명사와 보어인 과거 분사 사이에 being이 생략되었습니다. 그리고 과거분사가 오는 경우 전치사 with가 생략되는 일이 많습니다. 이 문장 역시 with가 생략되어 있습니다. (=holding the glass globe)

### 이 단어는 꼭 기억하세요!

**reproach** [ripróutʃ] 비난, 나무람, 질책(어떤 사람이 잘못된 어떤 일을 했다고 그 사람에게 나무람)

**bewildered** [biwíldərd] 당황한(매우 혼란스러워서 무엇을 하거나 생각해야 할지 확신하지 못함)

### Missing words
1. coughed
2. absence of
3. all the while

"But the wind – "

"My cold is not so bad as all that... the cool night air will do me good. I am a flower."

"But the animals – "

"Well, I must endure 1._____ _____ _____ two or three caterpillars if I wish to become acquainted with the butterflies. It seems that they are very beautiful. And if not the butterflies – and the caterpillars – who will call upon me? You will be 2._____ _____... as for the large animals – I am not at all afraid of any of them. I have my claws."

And, 3._____ she showed her four thorns. Then she added:

"Don't linger like this. You have decided to go away. Now go!"

For she did not want him to see her crying. She was such a proud flower...

---

"하지만 바람이 -"

"내 감기는 그처럼 심하지 않아요…… 서늘한 밤공기를 쐬면 나는 좋아질 거예요. 나는 꽃이니까."

"하지만 짐승이 -"

"나비와 친해지려면 저는 애벌레 두세 마리의 존재를 견뎌야 해요. 나비들은 무척 아름다운가 봐요. 나비와 - 애벌레가 - 아니라면 누가 나를 찾아 주겠어요? 당신은 멀리 떠나가고…… 큰 짐승들에 관해서는 - 나는 전혀 두렵지 않아요. 발톱이 있으니까."

그러면서 천진난만하게, 꽃은 네 개의 가시를 보여 주었다. 그리고 말을 덧붙였다:

"그렇게 주저하지 마세요. 당신은 떠나기로 결심했어요. 어서 가세요!"

그녀는 울고 있는 모습을 어린 왕자에게 보이고 싶지 않았다. 그토록 자존심 강한 꽃이었다…….

**5** **The cool night air will do / me good.**
서늘한 밤공기는 ~할 것이다　　　나에게 이로울

📖 서늘한 밤공기를 쐬면 나는 좋아질 거예요.

### 동사 – 수여동사

제4형식 문장(S + V + IO + DO)에 사용되는 동사는 그 동작이 영향을 미치는 대상인 목적어가 2개 필요합니다. 이러한 동사를 수여동사(do)라 하며 하나는 '~에게'에 해당하는 간접목적어이고 다른 하나는 '~을'에 해당하는 직접목적어입니다. 대개 간접목적어는 사람이고 직접목적어는 사물입니다. 이 문장에서는 간접목적어는 me, 직접목적어는 good입니다.

**6** **Who will call upon me?**
누가 나를 찾아와 주겠는가?

📖 누가 나를 찾아 주겠어요?

### 문장의 종류 – 수사의문문

수사의문문은 말하는 사람의 생각이나 감정을 상대방에게 설득시키려고 하는 문장을 말합니다. 즉, 자신의 생각을 반어적으로 서술함으로써 긍정의 의문문은 강한 부정을 나타내고, 부정의 의문문은 강한 긍정을 나타냅니다. 이 문장은 Nobody calls upon me.라는 평서문의 수사의문문입니다. Who knows? = God only knows. = Nobody knows.(아무도 모른다.)

### 이 단어는 꼭 기억하세요!

**endure**[indjúər] ~을 참다, 인내하다, 견디다(보통 불평을 말하지 않고 고통스럽거나 불쾌한 일을 당하는 것을 참는다는 의미)

**caterpillar**[kǽtərpìlər] 애벌레(길고 둥근 몸에 많은 다리를 가지고 나뭇잎을 먹는 작은 생물)

**linger**[líŋgər] 남아 있다, 꾸물거리다(보통보다 오래 어디에 있거나 또는 무엇을 하는 것)

### Missing words

1. the presence of
2. far away
3. naively

# ★ Vocabulary Check A ★

|  |  | | |
|---|---|---|---|
| 1 | tiny | | ✓ |
| 2 | meditate | | ☐ |
| 3 | naive | | ☐ |
| 4 | actually | | ☐ |
| 5 | blossom | | ☐ |
| 6 | choke | | ☐ |
| 7 | fade | | ☐ |
| 8 | adjust | | ☐ |
| 9 | torment | | ☐ |
| 10 | complex | | ☐ |
| 11 | interrupt | | ☐ |
| 12 | stratagem | | ☐ |
| 13 | dejection | | ☐ |
| 14 | bewildered | | ☐ |
| 15 | endure | | ☐ |

## ★ Vocabulary Check B ★

| # | | | |
|---|---|---|---|
| 1 | 땅거미, 해질 녘, 어스름, 황혼 | | ✓ |
| 2 | ~덕택에, ~의 탓으로, ~때문에 | | ☐ |
| 3 | ~을 (~에 대해) 안심시키다 | | ☐ |
| 4 | ~을 응시하다, 쳐다보다 | | ☐ |
| 5 | 끊임없는, 끈질기게, 집요하게 | | ☐ |
| 6 | 난처한, 어색한 | | ☐ |
| 7 | 기적적인, 불가사의한, 놀랄 만한 | | ☐ |
| 8 | 헝클어 놓다, 구기다 | | ☐ |
| 9 | 자만심 | | ☐ |
| 10 | ~을 몹시 싫어하다, ~에 대해 공포심을 갖다 | | ☐ |
| 11 | 깊은 후회, 양심의 가책 | | ☐ |
| 12 | 일치하지 않은, 앞뒤가 맞지 않는, 모순된 | | ☐ |
| 13 | ~을 이용하다 | | ☐ |
| 14 | 비난, 나무람, 질책 | | ☐ |
| 15 | 남아 있다, 꾸물거리다 | | ☐ |

# 11 Day

He found himself in the neighborhood of the asteroids 325, 326, 327, 328, 329, and 330. He began, therefore, by visiting them, 1.___ ___ ___ add to his knowledge.

The first of them 2.___ ___ ___ a king. Clad in royal purple and ermine, he was seated upon a throne which was at the same time both simple and majestic.

"Ah! Here is a subject," exclaimed the king, when he saw the little prince coming.

And the little prince asked himself:

"How could he recognize me when he had never seen me before?"

He did not know how the world 3.___ ___ ___ kings. To them, all men are subjects.

"Approach, so that I may see you better," said the king, who felt consumingly proud of being at last a king over somebody.

---

그는 자신의 별이 소행성 325호, 326호, 327호, 328호, 329호, 330호와 이웃해 있음을 알았다. 그래서 그는 견문을 넓히기 위해서 별들을 방문하기로 했다.

첫 번째 별에는 어떤 왕이 살고 있었다. 왕은 청보라색 옷과 흰 담비 모피 옷을 입고 매우 소박하면서도 위엄 있는 옥좌에 앉아 있었다.

"아! 여기 신하 한 명이 있구나." 어린 왕자가 오는 것을 보고, 왕이 큰 소리로 외쳤다.

그리고 어린 왕자는 혼잣말을 했다:

"그가 나를 전에 본 적이 없는데 어떻게 나를 알아보는 걸까?"

그는 왕들에게 세상이 단순하다는 것을 알지 못했던 것이다. 왕에게는 모든 사람이 신하인 것이다.

"너를 좀 더 잘 볼 수 있게 가까이 다가오라." 드디어 누군가의 왕 노릇을 하게 된 것이 무척 자랑스러워진 왕이 말했다.

### 이 문장은 꼭 기억하세요!

**1** **He found himself / in the neighborhood of the asteroids 325.**
그는 자신이 ~에 있음을 알았다    소행성 325 근처에

📖 그는 자신의 별이 소행성 325호와 이웃해 있음을 알았다.

#### 동사 - 재귀동사

find oneself(~에 있다, ~에 있음을 알게 되다)에서 find가 재귀동사이며 재귀대명사(oneself)를 목적어로 가집니다. 이때 재귀대명사를 생략하면 문장이 성립하지 않습니다. 예를 들면 apply라는 동사는 She applied herself to her work.(그녀는 자기 일에 전념했다.)처럼, '전념하다'의 뜻으로는 apply oneself만 쓰고 다른 목적어는 취하지 못합니다.

**2** **Approach, / so that I may see you better.**
가까이 와라    내가 너를 더 잘 볼 수 있도록

📖 너를 좀 더 잘 볼 수 있게 가까이 와라.

#### 접속사 - so that

목적 관련 접속사에는 긍정의 목적을 나타내는 in order to, in order that, so as to, so that 등과 부정의 목적을 나타내는 lest가 있습니다. so that은 '~하기 위해서 [~하도록]'의 뜻입니다. 가장 많이 쓰이는 조동사는 may(might)이며, 목적을 나타내는 종속절이 사실적인 내용이 아니기 때문에 동사 앞에는 조동사가 나옵니다.

### 이 단어는 꼭 기억하세요!

**clad**[klæd] (특정한 것을) 입거나 덮은

**ermine**[ə́ːrmin] 흰 담비, 어민(북방족제비의 흰색 겨울털로 왕들의 가운, 판사의 법복 등을 장식하는 데 쓰임)

**recognize**[rékəgnàiz] 분간·식별하다, ~을 인식하다(전에 보았던 사람이나 사물을 알아봄)

### Missing words

1. in order to
2. was inhabited by
3. is simplified for

The little prince looked everywhere to find 1._____ _____ _____ sit down; but the entire planet was crammed and obstructed by the king's magnificent 2._____ _____. So he remained standing upright, and, since he was tired, he yawned.

"It is contrary to etiquette to yawn in the presence of a king," the monarch said to him. "I forbid you to do so."

"I can't help it. I can't stop myself," replied the little prince, thoroughly embarrassed. "I have come on a long journey, and I have had no sleep..."

"Ah, then," the king said. "I order you to yawn. It is years since I have seen anyone yawning. Yawns, to me, 3._____ _____ _____ curiosity. Come, now! Yawn again! It is an order."

"That frightens me... I cannot, any more..." murmured the little prince, now completely abashed.

"Hum! Hum!" replied the king. "Then I – I order you sometimes to yawn and sometimes to – "

---

어린 왕자는 앉을 자리를 찾아 사방을 둘러보았다. 그러나 그 별은 왕의 호화스러운 흰 담비 모피 망토로 온통 뒤덮여 있었다. 그래서 그는 서 있었다. 그리고 피곤해서 하품을 했다.

"왕의 면전에서 하품하는 것은 예절에 어긋나는 일이니라." 왕이 말했다. "너에게 하품을 금지하노라."

"저는 어쩔 수가 없어요. 하품을 참을 수가 없어요." 몹시 당황한 어린 왕자가 말했다. "여행을 오래 해서, 잠을 못 잤거든요……."

"아, 그렇다면." 왕이 말했다. "네게 하품을 하도록 명령하노라. 누군가가 하품하는 걸 본 지도 짐에게는 여러 해가 되었구나. 하품은 짐에게 희한한 일이니라. 자! 그럼 또 하품을 하라! 명령이니라."

"그러시니까 겁이 나서…… 하품이 나오지 않는군요……." 얼굴을 붉히며 어린 왕자가 중얼거렸다.

"흠! 흠!" 왕이 대꾸했다. "그렇다면 - 짐이 명하노니 어떤 때는 하품을 하고 또 어떤 때는 -"

**3** "It is contrary to etiquette / to yawn in the presence of a
예의에 어긋나다                              왕의 면전에서 하품하는 것

king," / the monarch said to him.
             왕은 그에게 말했다

📖 "왕의 면전에서 하품하는 것은 예절에 어긋나는 일이니라."고 왕이 그에게 말했다.

### 관사 - 용법

정관사의 기본 용법은 상대방이 금방 알 수 있는 특정한 것을 가리키는 데 있습니다. 이 문장에서는 앞에 나온 명사(구) a king을 가리키기 때문에 the monarch라고 한 것입니다. 영어에서는 같은 말을 반복하여 사용하는 것을 회피하기 때문에 monarch이라는 단어가 king 대신 쓰였다는 알 수 있으며 정관사 the가 이를 보여줍니다.

**4** It is years / since I have seen anyone yawning.
    몇 년이다      누가 하품하는 것을 본 적이

📖 누군가가 하품하는 걸 본 지도 짐에게는 여러 해가 되었구나.

### 동사의 시제 - 현재완료

현재완료는 〈have[has] + 과거분사〉의 형태로, 현재까지의 상태나 동작의 계속을 나타내는 경우 흔히 기간을 나타내는 부사구(since ~)와 함께 쓰입니다. 접속사 since가 이끄는 절은 보통 과거시제이지만 이 문장처럼 완료형인 경우도 있습니다.

### 이 단어는 꼭 기억하세요!

**cram**[kræm] ~을 (무리하게) 채워 넣다, 꽉 채우다, 가득하게 하다(사람이나 물건들을 좁은 공간에 밀어 넣음)

**obstruct**[əbstrʌ́kt] ~을 방해하다, 막다(어떤 사람이나 사물이 우연히 또는 고의로 일어나거나 움직이는 것을 막음)

**murmur**[mə́:rmər] 중얼거리다, 속삭이다(낮고 조용한 목소리로 어떤 말을 함)

### Missing words

1. a place to
2. ermine robe
3. are objects of

He sputtered a little, and seemed vexed.

For what the king fundamentally 1._____ _____ was that his authority should be respected. He tolerated no disobdience. He was an absolute monarch. But, because he was a very good man, he made his orders reasonable.

"If I ordered a general," he would say, by way of example, "if I ordered a general to change himself into a sea bird, and if the general did not obey me, that would not be the fault of the general. It would be my fault."

"May I sit down?" came now a 2._____ _____ from the little prince.

"I order you to do so," the king answered him, and majestically gathered in a fold of his 3._____ _____.

But the little prince was wondering... The planet was tiny. Over what could this king really rule?

"Sire," he said to him, "I beg that you will excuse my asking you a question – "

그는 잠시 중얼거렸다. 심기가 불편한 기색이었다.

왜냐하면 왕이 근본적으로 주장하는 것은 자신의 권위가 존중되어야 한다는 것이었다. 불복종은 용납할 수 없는 것이었다. 그는 전제군주였다. 하지만 무척 선량한 사람이므로 정당한 명령을 내렸다.

"만약 짐이 어떤 장군에게 명령한다면," 그는 예를 들어 말할 것이다. "내가 장군에게 바닷새로 변하라고 명령했는데 장군이 따르지 않았다면, 그건 장군의 잘못이 아니라 짐의 잘못이니라."

"앉아도 될까요?" 어린 왕자가 조심스럽게 물었다.

"그렇게 하기를 명하노라." 왕은 흰담비 모피로 된 망토 한 자락을 위엄 있게 걷어올리며 대답했다.

그러나 어린 왕자는 의문이 생겼다……. 별은 아주 작았다. 왕은 도대체 무엇을 다스린다는 건가?

"전하," 어린 왕자가 왕에게 말했다. "제가 전하에게 한 가지 여쭈어도 될까요 -"

### 이 문장은 꼭 기억하세요!

**5** **If I ordered a general to change himself into a sea bird, / and**
만약 내가 장군에게 바닷새로 변하라고 명령하고 　　　　　　　　　　　　그리고
**if the general did not obey me, / that would not be the fault of**
명령을 들은 장군이 나에게 복종을 하지 않으면　　그것은 그 장군의 잘못이 아니다
**the general. / It would be my fault.**
　　　　　　　　　그것은 나의 잘못이다

📖 내가 장군에게 바닷새로 변하라고 명령했는데 장군이 따르지 않았다면, 그건 장군의 잘못이 아니라 짐의 잘못이니라.

#### 지시대명사 - that과 it

앞에 나온 단어나 구, 절 또는 전후 관계로 보아 무엇인지 확실히 알 수 있는 것을 가리키는 경우 지시대명사 that이 사용됩니다. that would not be the fault of the general.에서 that은 the general did not obey me를 가리키며 또 It would be my fault. 에서 It은 the general did not obey me를 가리킵니다.

**6** **I beg / that you will excuse / my asking you a question.**
간청하다　당신이 용서해 주시기를　　　　당신에게 내가 질문하다

📖 제가 전하에게 한 가지 여쭈어도 될까요.

#### 동명사 - 의미상의 주어

부정사나 현재분사와 마찬가지로 동명사에도 의미상의 주어가 있습니다. 그리고 동명사의 의미상의 주어는 목적격(me)이나 부정사나 현재분사처럼 대명사의 소유격(my)으로 하는 것이 일반적입니다.

---

### 이 단어는 꼭 기억하세요!

**sputter**[spʌ́tər] 다급히 말하다(특히 화가 나서, 짤막하게 횡설수설 급히 말함)

**vex**[veks] 귀찮게 굴다, 화나게 하다(남을 짜증나거나 걱정스럽게 느끼게 함)

**tolerate**[tάləreit] 용납하다, 너그럽게 봐주다, 참다(어떤 것을 좋아하지 않지만 받아들임)

### Missing words

1. insisted upon
2. timid inquiry
3. ermine mantle

Day 11

"I order you to ask me a question," the king hastened to assure him.

"Sire – over what do you rule?"

"Over everything," said the king, with magnificent simplicity.

"Over everything?"

The king 1._____ _____ _____, which took in his planet, the other planets, and all the stars.

"Over all that?" asked the little prince.

"Over all that," the king answered.

For his rule was not only absolute: it was also universal.

"And the stars 2._____ you?"

"Certainly they do," the king said. "They obey instantly. I do not permit 3._____."

---

"질문을 허락하노라." 왕은 서둘러 그에게 말했다.

"전하 - 전하는 무엇을 다스리시는지요?"

"모든 것이다." 왕이 무척이나 간결하게 대답했다.

"모든 것이라고요?"

왕은 그의 별과 다른 별들과 모든 별들을 가리켰다.

"모든 것을요?" 어린 왕자가 물었다.

"모든 것이다." 왕이 대답했다.

그의 통치는 절대적이었을 뿐 아니었다: 우주적이기도 했던 것이었다.

"그럼 별들도 전하께 복종하나요?"

"물론, 별들도 복종하지." 왕은 말했다. "그들은 즉시 복종한다. 나는 불복종을 허용하지 아니한다."

### 이 문장은 꼭 기억하세요!

**7** **Sire – over what do you rule?**
📖 전하 – 전하는 무엇을 다스리시는지요?

#### 전치사 – over
전치사 over의 기본적인 의미는 X over Y에서 X는 Y의 위쪽에 있고 X는 Y보다 더 크거나 거의 같은 관계를 나타냅니다. 그래서 ' X가 Y 위를 덮다'라는 물리적인 의미에서 출발하여 비유적인 의미로 발전하여 '통치, 지배, 승리, 우월'을 나타내는 단어와 결합합니다.

**8** **His rule was / not only absolute: / it was also universal.**
그의 통치는　　　단지 절대적일 뿐만 아니라　　　또한 우주적이었다
📖 그의 통치는 절대적이었을 뿐 아니었다: 우주적이기도 했던 것이었다.

#### 상관접속사 – not only A but also B
'A뿐만 아니라 B도 또한'의 표현을 나타내는 이 구문에서 주의해야 할 것은 1) but을 생략할 수 있으며 2) but 대신에 semicolon(;)이나 colon(:)을 쓰는 일도 있고 3) also를 생략하여 His rule was not only absolute but it was (also) universal. 쓸 수 있고 4) also 대신에 as well을 사용하기도 합니다. 5) 도치 구문을 응용하여 Not only was his rule absolute, but it was universal as well. 등 다양하게 나타낼 수 있습니다.

### 이 단어는 꼭 기억하세요!

**universal** [jù:nəvə́:rsəl] 전체의, 만인의(한 집단이나 세계의 모든 구성원의)

**permit** [pə:rmít] ~을 허가하다, 허용하다(어떤 사람이 어떤 일을 하는 것을 허락하는 것, 또는 어떤 일이 일어나기를 허용함)

**insubordinate** [ìnsəbɔ́:rdənit] 복종하지 않는, 반항적인(사람이나 행동에 대해 규칙이나 명령에 따르지 않음)

### Missing words
1. made a gesture
2. obey
3. insubordination

# 12 Day

Such power was a thing for the little prince to marvel at. If he had been master of such complete authority, he would have been able to watch the sunset, not forty-four times in one day, but seventy-two, or even a hundred, or even two hundred times, without ever having to move his chair. And because he felt a bit sad as he remembered his little planet which he had 1._____, he 2._____ _____ his courage to ask the king a favor:

"I should like to see a sunset… Do me that kindness… Order the sun to set…"

"If I ordered a general to fly from one flower to another like a butterfly, or to write a tragic drama, or to change himself into a sea bird, and if the general did not carry out the order that he had received, which one of us would be in the wrong?" the king demanded. "The general, or myself?"

"You," said the little prince firmly.

"Exactly. One must require from each one the duty which each one can perform," the king went on. "Accepted authority rests 3._____ _____ _____ on reason. If you ordered your people to go and throw themselves into the sea, they would rise up in revolution. I have the right to require obedience because my orders are reasonable."

그런 권력은 어린 왕자가 경탄할 만한 것이었다. 어린 왕자가 그런 절대 권력을 가졌다면 의자를 움직이지 않고도 하루에 마흔 네 번 아니라, 일흔 두 번, 아니 백 번 이백 번이라도 해가 지는 것을 볼 수 있었을 것이다. 그리고 버리고 온 그의 작은 별에 대한 추억 때문에 조금 슬퍼진 어린 왕자는 용기를 내어 왕에게 청을 올렸다:

"저는 해가 지는 것을 보고 싶습니다……. 제게 은혜를 베푸시어……. 해가 지도록 명령해 주십시오……."

"짐이 장군에게 나비처럼 이 꽃에서 저 꽃으로 날아다닐 것을 명령하거나 비극 작품을 한 편 쓰라고 혹은 바닷새로 변하도록 명령했는데 그 장군이 명령을 받고 복종하지 않는다면, 우리들 중 누구의 잘못일까?" 왕이 물었다. "장군, 아니면 나?"

"전하의 잘못이죠." 어린 왕자가 자신 있게 말했다.

"바로 그렇다. 누구나 서로에게 그가 실행할 수 있는 것만을 요구해야 한다." 왕은 계속 말했다. "용인된 권위는 무엇보다 상식에 근거해야 한다. 만일 백성들에게 바다에 몸을 던지라고 명령한다면 그들은 반항하여 혁명을 일으킬 것이다. 내가 복종을 요구할 권한을 갖는 것은 나의 명령이 합리적이기 때문이다."

> 이 문장은 꼭 기억하세요!

**1** **One must require** / **from each one the duty** / **which each one**
누구나 요구해야 한다      서로에게 의무를            누가 되었든

**can perform.**
수행할 수 있다

📖 누구나 서로에게 그가 실행할 수 있는 것만을 요구해야 한다.

> 특수 구문 - 도치

이 문장은 도치 구문으로 동사 require의 목적어는 the duty which each one can perform이며, 부사구는 from each one이기 때문에 도치가 발생된 것입니다. 부사구 from each one이 문장의 끝에 오면 수식 관계가 복잡해집니다.

☑ [영어의 원칙] 한 문장을 구성하는데 있어서 그 길이가 상대적으로 긴 구성요소나 문법구조가 복잡한 요소를 뒷자리에 위치시킨다.

> 이 단어는 꼭 기억하세요!

**marvel**[má:rvəl] **at** (어떤 것의 특성에 대해) 놀라고 경탄하다

**forsake**[fərséik] 저버리다(특히 다른 사람이 자신을 필요로 할 때 떠나는것)

**rest on** ~에 좌우되다, 기초를 두다(어떤 것에 의지하거나 근거를 둠)

**rise up in revolution**[rèvəlú:ʃən] 반항하여 혁명을 일으키다

> Missing words

1. forsaken
2. plucked up
3. first of all

"Then my sunset?" the little prince reminded him: for he never forgot a question once he had asked it.

"You shall have your sunset. I shall command it. But, 1._____ _____ my science of government, I shall wait until conditions are favorable."

"When will that be?" inquired the little prince.

"Hum! Hum!" replied the king; and before saying anything else he consulted a 2._____ _____. "Hum! Hum! That will be about – about – that will be this evening about twenty minutes to eight. And you will see how well I am obeyed."

The little prince 3._____. He was regretting his lost sunset. And then, too, he was already beginning to be 4._____ _____ _____.

"I have nothing more to do here," he said to the king. "So I shall set out on my way again."

"Do not go," said the king, who was very proud of having a subject. "Do not go. I will make you a Minister!"

"그럼 저의 일몰은요?" 어린 왕자는 그에서 상기시켰다. 일단 던진 질문은 절대로 잊지 않는다.

"너는 해가 지는 것을 보게 될 것이다. 짐이 일몰을 명령하겠노라. 하지만 내 통치 기술에 따라 나는 조건이 갖추어지기를 기다리겠노라."

"언제 그렇게 되나요?" 어린 왕자가 물었다.

"흠! 흠!" 왕은 대답했다; 먼저 두툼한 연감(年鑑)을 뒤적거리고 대답했다. "흠! 흠!, 그러니까 오늘 저녁 약 - 약 - 7시 40분경이니라! 그리고 너는 짐의 명령이 얼마나 잘 이행되는지 보게 될 것이다."

어린 왕자는 하품을 했다. 일몰을 못 보게 된 것이 아쉬웠다. 그리고 이미 좀 무료해졌다.

"저는 여기서 더 이상 할 일이 없군요." 그가 왕에게 말했다. "그럼 다시 길을 떠나겠습니다."

"가지 마라." 신하를 한 사람 갖게 된 것이 몹시 자랑스러운 왕이 말했다. "가지 마라. 너를 장관으로 삼겠노라!"

> 이 문장은 꼭 기억하세요!

**2** **You shall have your sunset. / I shall command it.**
너에게 일몰을 갖게 하겠다    나는 그것을 명령할 것이다.

📖 너는 해가 지는 것을 보게 될 것이다. 짐이 일몰을 명령하겠노라.

### 조동사 - shall

'미래 시제'나 '의지미래'를 나타내는 조동사 will과 shall은 영어 원어민(native speaker)조차도 정확하게 사용하는 사람이 드물며, 특히 미국 영어(AmE)에서는 단순미래나 의지 미래를 막론하고 모든 인칭에 will만 쓰거나 〈be going to + 동사원형〉으로 대용합니다. 그러나 주어진 문장처럼 주어가 2인칭인 경우(You shall)는 말하는 사람의 의지를, 주어가 1인칭인 경우(I shall)는 주어의 강한 결심을 나타냅니다.

**3** **I shall wait / until conditions are favorable.**
나는 기다릴 것이다  여건이 좋을 때까지

📖 나는 조건이 갖추어지기를 기다리겠노라.

### 동사의 시제 - 현재

부사절(시간)에서 현재 시제가 미래를 대신하기도 합니다. 특히 '시간'을 나타내는 부사절(until ~하기까지)에서 그러합니다. 이 문장에서처럼 until이 이끄는 부사절이 미래의 일을 말하는 경우 1) 현재나 2) 현재완료 시제 I shall wait until conditions have been favorable.로 쓸 수 있습니다.

---

### 이 단어는 꼭 기억하세요!

**remind**[rimáind] ~을 깨닫게 하다, ~을 생각나게 하다(어떤 일, 특히 어떤 사람이 해야 할 중요한 어떤 일을 그 사람이 생각해 내도록 도와줌)

**bulky**[bʌ́lki] 부피가 큰, 커다란(크고 무거워서, 그 때문에 움직이거나 운반하기 어려움)

**almanac**[ɔ́ːlmənæ̀k] 역서, 책력(날짜, 일출 및 일몰 시간, 달의 변화 등을 열거한 책)

### Missing words

1. according to
2. bulky almanac
3. yawned
4. a little bored

"Minister of what?"

"Minister of – of Justice!"

"But there is nobody here to judge!"

"We do not know that," the king said to him. "I have not yet made a 1._____ _____ of my kingdom. I am very old. 2._____ _____ _____ _____ here for a carriage. And it tires me to walk."

"Oh, but I have looked already!" said the little prince, turning around to give one more glance to the other side of the planet. On that side, as on this, there was nobody at all...

"Then you shall judge yourself," the king answered. "That is the most difficult thing of all. It is much more difficult to judge oneself than to judge others. If you succeed in judging yourself rightly, then you are indeed a man of true wisdom."

"무슨 장관이죠?"

"법무 - 장관이다!"

"하지만 재판할 사람이 아무도 없는데요!"

"그건 모를 일이지." 왕이 그에게 말했다. "짐은 아직 내 왕국을 제대로 돌아다녀 보지 않았느니라. 나는 늙었어. 마차를 둘 자리가 여기에는 없다. 걸어 다니면 피곤하거든."

"아, 하지만 제가 벌써 다 보았습니다!" 시선을 돌려 별의 다른 쪽을 한 번 훑어보며 어린 왕자가 말했다. 이쪽과 마찬가지로 다른 쪽에도 아무도 없었다…….

"그럼 네 자신을 심판하거라." 왕이 대답했다. "그것이 가장 어려운 일이니라. 다른 사람을 심판하는 것보다 자기 자신을 심판하는 게 훨씬 더 어려운 법이거든. 네가 스스로를 훌륭히 심판할 수 있다면 너는 참으로 지혜로운 사람일 것이다."

**4** **That is the most difficult thing of all.** / **It is much more difficult**
그것은 모든 것 중에서 가장 어려운 것이다  훨씬 더 어렵다
**/ to judge oneself / than to judge others.**
자신을 심판하는 것    다른 사람들을 심판하는 것보다

📖 그것이 가장 어려운 일이니라. 다른 사람을 심판하는 것보다 자기 자신을 심판하는 게 훨씬 더 어려운 법이거든.

### 비교 - 최상급과 비교급

최상급은 세 개 이상의 것을 비교하여 그 중에서 가장 정도가 높은 것을 나타냅니다. 최상급은 '제일 ~한'이라는 뜻을 갖습니다. 비교의 대상을 〈of + 복수 명사 [복수 대명사]〉로 표시합니다. 비교급은 '~보다'로 하며 비교급을 강조하는 부사구에는 much, far, a still, even 등이 있습니다.

### 이 단어는 꼭 기억하세요!

**justice**[dʒʌ́stis] 법무, 재판, 처벌(법률 및 법률이 행사되는 방법으로)

**judge**[dʒʌdʒ] (~을) 재판하다, ~에게 판결을 내리다, ~을 판단하다

**rightly**[ràitli] 올바르고 적절하게, 공정하게, 당연히

### Missing words

1. complete tour
2. There is no room

"Yes," said the little prince, "but I can judge myself anywhere. I do not need to live on this planet."

"Hum! Hum!" said the king. "I have good reason to believe that somewhere on my planet there is an 1._____ _____. I hear him at night. You can judge this old rat. 2._____ _____ _____ _____ you will condemn him to death. Thus his life will depend on your justice. But you will pardon him on each occasion; for he must be 3._____ _____. He is the only one we have."

"I," replied the little prince, "do not like to condemn anyone to death. And now I think I will go on my way."

"No," said the king.

But the little prince, having now completed his preparations for departure, had no wish to grieve the old monarch.

"If Your Majesty wishes to be promptly obeyed," he said, "he should be able to give me a reasonable order. He should be able, 4._____ _____, to order me to be gone by the end of one minute. It seems to me that conditions are favorable..."

---

"예." 어린 왕자가 말했다. "하지만 저는 어디에서든지 저를 심판할 수 있어요. 이 별에서 살 필요가 없습니다."

"흠! 흠!" 왕이 말했다. "내 별 어딘가에 늙은 쥐가 한 마리가 있는 것 같다. 나는 밤에 그를 듣는다. 너는 그 늙은 쥐를 심판할 수 있다. 때때로 너는 그에게 사형을 선고할 것이다. 따라서 그의 생명이 너의 판결에 달리게 될 것이다. 그러나 너는 매번 그를 용서할 것이다. 왜냐하면, 그는 아껴서 다루어져야 함에 틀림없다. 늙은 쥐는 우리가 가진 유일한 것이다."

"저는," 어린 왕자가 대답했다. "누군가에게 사형선고를 내리고 싶지 않습니다. 그리고 저는 아무래도 제 길을 가야겠습니다."

"가지 마라." 왕이 말했다.

그러나 어린 왕자는 떠날 준비를 마쳤으나, 늙은 임금을 섭섭하게 하고 싶지 않았다.

"만약 전하의 위엄이 적절하게 준수되길 원하신다면," 그는 말했다. "전하는 제게 이치에 맞는 명령을 내리시면 되지 않겠습니까. 이를테면, 일 분 내로 떠나도록 제게 명령하실 수도 있고요. 그런 여건이 조성된 것 같습니다……."

## 5. I do not need / to live on this planet.
나는 필요가 없다    이 별에서는 사는 것

📖 저는 이 별에서 살 필요가 없습니다.

### 동사 - need

need(~할 필요가 있다)는 조동사 또는 일반동사로 쓰입니다. 일반동사 need 다음에는 to부정사가 오고 조동사 need 다음에는 동사원형이 옵니다. 조동사 need는 의문문과 부정문에서만 쓰이며 의문문과 부정문에서는 조동사 do[does]를 필요로 하지 않습니다.

## 6. The little prince, / having now completed his preparations for
어린 왕자는              이제 떠날 준비를 마쳤다

## departure, / had no wish to grieve the old monarch.
             늙은 왕을 슬프게 할 마음이 없었다

📖 어린 왕자는 떠날 준비를 마쳤으나, 늙은 임금을 섭섭하게 하고 싶지 않았다.

### 완료분사 - 위치

이 문장에 쓰인 분사 구문은 문장 중간에 주어(little prince)와 술어 동사(had)사이에 comma로 표시되어 관계대명사의 계속 용법과 같은 뜻을 가집니다. 그리고 완료분사 구문으로 주절보다 앞선 시간을 나타내고 있습니다.

### 이 단어는 꼭 기억하세요!

**condemn**[kəndém] **A to death** A에게 사형을 선고하다

**thrifty**[θrífti] 알뜰한, 절약하는, 검소한, 검약하는(돈을 너무 많이 쓰지 않도록 조심함)

**grieve**[gri:v] ~을 매우 슬프게 하다, 비탄에 잠기게 하다

### Missing words

1. old rat
2. From time to time
3. treated thriftily
4. for example

As the king made no answer, the little prince 1._____ a moment. Then, with a sigh, he took his leave.

"I make you my 2._____," the king called out, hastily.

He had a magnificent air of authority.

"The grown-ups are very strange," the little prince said to himself, as he continued on his journey.

왕이 대답을 하지 않으므로, 어린 왕자는 머뭇거렸다. 그리고 한숨을 한 번 쉬고는 출발했다.

"나는 너를 짐의 대사(大使)로 명하노라." 왕이 황급히 외쳤다.

그는 매우 위엄이 가득한 모습이었다.

"어른들은 참 이상하군." 어린 왕자는 여행을 계속 하면서 속으로 중얼거렸다.

**7** **As the king made no answer, / the little prince hesitated a**
왕이 대답을 하지 않았기 때문에　　　　　　어린 왕자는 잠시 주저했다
**moment. / Then, / with a sigh, / he took his leave.**
　　　　　　그리고 나서 한숨을 쉬며　　　그는 떠났다

📖 왕이 대답을 하지 않으므로, 어린 왕자는 머뭇거렸다. 그리고 한숨을 한 번 쉬고는 출발했다.

### 동사 – 명사와의 결합

'대답하다'라고 하는 경우 동사 make나 give를 함께 사용하여 give[make] an answer(= answer)라고 합니다. 그리고 took his leave는 he left와 같습니다. 영어에서는 중요한 표현을 반복해서 사용합니다.

### 이 단어는 꼭 기억하세요!

**hesitate**[hézətèit] 주저하다, 망설이다
**ambassador**[æmbǽsədər] 대사
**authority**[əθɔ́:rəti] 권위, 권한(사람을 통제·명령하는 힘이나 권리를 말함)

### Missing words

1. hesitated
2. Ambassador

The second planet was inhabited by a 1._____ man.

"Ah! Ah! I am about to receive a visit from an admirer!" he exclaimed from afar, when he first saw the little prince coming.

For, to conceited men, all other men are admirers.

"Good morning," said the little prince. "That is a queer hat you are wearing."

"It is a hat for salutes," the conceited man replied. "It is to raise in salute when people acclaim me. 2._____, nobody at all ever passes this way."

"Yes?" said the little prince, who did not understand what the conceited man was talking about.

"3._____ your hands, one against the other," the conceited man now directed him.

---

두 번째 별은 허영심이 가득한 사람이 살고 있었다.

"오! 오! 나는 찬양자의 방문을 받아들여야겠군!" 그는 어린 왕자가 오는 것을 보자마자 멀리서부터 외쳤다.

허영심 많은 사람들에게, 타인은 모두 자기를 찬양하는 사람인 것이다.

"안녕하세요." 어린 왕자가 말했다. "당신은 묘한 모자를 쓰고 계시군요."

"경례를 위한 모자야." 허영심 많은 사람이 대답했다. "사람들이 나에게 환호를 보낼 때 벗어서 경례하려고. 불행하게도, 이 길을 지나가는 사람이 여태 아무도 없어."

"네?" 허영심 많은 사람이 무슨 말을 했는지 이해하지 못한 어린 왕자가 말했다.

"나를 향해 손뼉을 쳐줘." 그 사내가 어린 왕자에게 방금 지시했다.

### 이 문장은 꼭 기억하세요!

**1. The second planet was inhabited / by a conceited man.**
두 번째 별에는 살았다                         허영심이 많은 사람이
📖 두 번째 별은 허영심이 가득한 사람이 살고 있었다.

**태 - 수동태와 능동태**

주어와 술어 동사의 능동·수동 관계를 나타내는 형식을 태(voice)라고 합니다. 능동태(active voice)는 〈타동사 + 목적어〉의 형식으로 나타내며, 수동태(passive voice)는 능동태의 목적어를 주어로 삼고 〈be + 과거분사〉의 형식을 취합니다. 이 문장은 수동태 문장입니다.

**2. That is a queer hat / you are wearing.**
그것은 이상한 모자네요       당신이 쓰고 있는
📖 당신은 묘한 모자를 쓰고 계시군요.

**관사 - 부정관사 a/an**

부정관사 a[an]은 단수 가산명사 앞에 놓이는 한정사(determiner)로 막연한 대상을 가리키는 경우에 사용하는 가장 기본적인 형태입니다. 막연한 대상을 가리킨다는 점과 아울러, 부정관사는 관련된 명사의 수(number)의 개념상 '하나'라고 하는 단수를 나타낸다는 것을 기억하시기 바랍니다.

### 이 단어는 꼭 기억하세요!

**conceited** [kənsíːtid] 자만심이 강한, 젠체하는, 우쭐한(자기 자신 및 자기의 능력이나 중요성에 대하여 지나치게 크게 자랑함)

**salute** [səlúːt] 경례(경의를 표시하기 위해 손을 이마에 붙임)

**clap** [klæp] one's hands 손뼉을 치다

**direct** [dirékt] ~에게 하도록 지시[명령]하다

### Missing words
1. conceited
2. Unfortunately
3. Clap

The little prince clapped his hands. The conceited man raised his hat in a modest salute.

"This is more entertaining than the visit to the king," the little prince said to himself. And he began again to clap his hands, one against the other. The conceited man again raised his hat in salute.

After five minutes of 1._____ _____ the little prince grew tired of the game's monotony.

"And what should one do to make the hat come down?" he asked.

But the conceited man did not hear him. Conceited people never hear anything but praise.

"Do you really admire me very much?" he 2._____ of the little prince.

"What does that mean – 'admire'?"

---

어린 왕자가 손뼉을 쳤다. 허영심 많은 사람은 모자를 들어 공손하게 경례했다.

"왕을 방문할 때보다 더 재미있군." 어린 왕자는 속으로 중얼거렸다. 그리고 어린 왕자는 그 사람을 향해서 다시 손뼉을 쳤다. 허영심 많은 사람이 모자를 들어 올리며 다시 경례했다.

5분쯤 되풀이하고 나니 어린 왕자는 이제 그 장난의 단조로움에 질리게 되었다.

"모자가 떨어지게 하려면 어떻게 해야 하죠?" 그가 물었다.

그러나 허영심 많은 사람은 그의 말을 듣지 못했다. 허영심 많은 사람들에게는 오로지 칭찬의 말만 들린다.

"너는 정말로 나를 무척 찬양하지?" 그가 어린 왕자에게 물었다.

"찬양 – 한다는 게 뭐죠?"

### 이 문장은 꼭 기억하세요!

**3** **After five minutes of this exercise / the little prince grew tired**
이러한 동작을 5분 동안 한 후에                    어린왕자는 싫증이 났다

**of / the game's monotony.**
그 놀이의 단조로움

📖 5분쯤 되풀이하고 나니 어린 왕자는 이제 그 장난의 단조로움에 질리게 되었다.

**동사 - grew**

grew은 특정한 상태나 상황에 이르러 '~(으로) 되다'라는 뜻으로 '과정'을 중시하는 경우에 사용합니다. 특히 형용사 tired와는 grew가 관용적으로 함께 사용합니다.

**4** **Conceited people never hear / anything but praise.**
허영심 많은 사람들은 결코 듣지 않는다      단지 칭찬만을

📖 허영심 많은 사람들은 오로지 칭찬의 말만 듣는다.

**동사의 시제 - 현재**

현재 시제는 어떤 내용을 전달하는 현재 시간에서 보았을 때 그 진술 내용이 사실임을 나타냅니다. 현재 시간은 시작을 알 수 없는먼 과거에서부터 가까운 과거를 거쳐 미래의 특정 시점까지를 포함합니다. 이 문장에서는 상태적 의미를 가진 동사를 사용하여 시간을 초월한 일반적인 사실을 나타내고 있습니다.

### 이 단어는 꼭 기억하세요!

**monotony**[mənátəni] 단조로움, 지루함(항상 똑같아서 지루한 상태)

**admire**[ædmàiər] 찬양·찬미하다

### Missing words

1. this exercise
2. demanded

"To admire means that you regard me as the 1._____, the best-dressed, the richest, and the most intelligent man on this planet."

"But you are the only one man on your planet!"

"Do me this kindness. Admire me just the same."

"I admire you," said the little prince, 2._____ his shoulders slightly, "but what is there in that to interest you so much?"

And the little prince went away.

"The grown-ups are certainly very odd," he said to himself, as he continued on his journey.

"찬양한다는 건 내가 이 별에서 가장 미남이고 가장 옷을 잘 입고 가장 부자고 가장 똑똑하다고 여기는 거지."

"하지만 당신은 이 별에서 유일한 사람이잖아요!"

"나를 기쁘게 해 줘. 조금 전처럼 똑같이 나를 찬양해 줘."

"나는 당신을 찬양해요." 어린 왕자가 어깨를 약간 으쓱거리며 말했다. "그런데 그게 당신에게 무슨 흥미를 주나요?"

그리고 어린 왕자는 그 별을 떠났다.

"어른들은 정말 이상하군." 어린 왕자는 여행을 계속하면서 속으로 중얼거렸다.

**5** **You are the only one man / on your planet!**
당신은 유일한 사람이다　　　　　　이 별에서

📖 당신은 이 별에서 유일한 사람이잖아요!

### 문장의 종류 - 감탄문

놀람·즐거움·희망·감탄 등의 강한 감정을 나타내는 글을 감탄문 (Exclamatory Sentences)이라고 합니다. 문장 끝에 감탄부호(!)를 붙이고 내려 읽습니다(↘). 의문문 형식을 빌려서 감탄의 뜻을 나타내는 구문이 있듯이 평서문의 형식을 빌려서 감탄부호를 사용하여 감탄의 뜻을 나타냅니다.

**6** **"I admire you," / said the little prince, / shrugging his shoulders**
"저는 당신을 숭배해요."　　어린 왕자는 말했다　　　　　어깨를 약간 으쓱했다

**slightly.**

📖 "나는 당신을 찬양해요." 어린 왕자가 어깨를 약간 으쓱거리며 말했다.

### 분사구문 - 위치와 의미

분사구문을 살펴보면 분사가 글머리보다는 문장의 끝이나 중간에 오는 경우가 훨씬 많고, 쉼표(comma)가 없는 경우도 많습니다. 이 문장은 분사구문이 문장 끝에 주어 (little prince) 다음에 쉼표(comma)로 표시되어 연속 동작이나 동시 동작을 나타냅니다.

### 이 단어는 꼭 기억하세요!

**regard**[rigá:rd] **A as B** 간주하다, 여기다, 생각하다(A를 B라는 특정한 사람이나 사물로 간주하다)

**interest**[íntərəst] 흥미·관심을 갖게 하다, 호기심을 품게 하다(사람이 어떤 것에 관심을 기울이고 더 많이 알고 싶어 하게 함)

**go away** (사람이나 장소를) 떠나다, 가 버리다

### Missing words

1. handsomest
2. shrugging

The next planet 1._____ _____ _____ a tippler. This was a very short visit, but it plunged the little prince into deep dejection.

"What are you doing there?" he said to the tippler, whom he found settled down in silence before a collection of empty bottles and also a collection of full bottles.

"I am drinking," replied the tipper, with a 2._____ _____.

"Why are you drinking?" demanded the little prince.

"So that I may forget," replied the tippler.

"Forget what?" 3._____ the little prince, who already was sorry for him.

"Forget that I am ashamed," the tippler confessed, hanging his head.

그 다음 별에는 술꾼이 살고 있었다. 이번은 매우 짧은 방문이었지만, 어린 왕자는 마음이 무척 우울했다.

"거기에서 뭐하세요?" 빈병 무더기와 술이 담긴 병 무더기를 앞에 놓고 말없이 앉아 있는 술꾼을 보고 그가 말했다.

"나는 술을 마시고 있어." 침울한 분위기로 술꾼이 대꾸했다.

"술을 왜 마셔요?" 어린 왕자가 그에게 물었다.

"잊기 위해서지 마시지." 술꾼이 대답했다.

"무엇을 잊기 위해서요?" 어린 왕자는 벌써 그가 딱하게 느껴졌다.

"내가 부끄럽다는 걸 잊기 위해서지." 머리를 숙이며, 술꾼이 고백했다.

**7** **This was a very short visit, / but it plunged the little prince /**
이것은 매우 짧은 방문이었다    그러나 그것은 어린 왕자를 빠지게 했다

**into deep dejection.**
큰 낙담 속에

📖 이번은 매우 짧은 방문이었지만, 어린 왕자는 마음이 무척 우울했다.

### 대명사 - it

대명사란 말 그대로 '명사를 대신하여 사용하는 말'입니다. 대명사 it은 앞에 나온 단어나, 구, 절 또는 전후 관계로 보아 무엇인지 확실히 알 수 있는 것을 가리키는 경우가 있습니다. 이 문장에서 it은 명사구 a very short visit을 가리킵니다.

**8** **He said to the tippler, / whom he found settled down in silence**
그는 술꾼에게 말했다    그가 보니 침묵 속에 앉아 있던 그를

**/ before a collection of empty bottles / and also a collection**
한 무더기의 빈병 앞에    그리고 또한 한 무더기의 술이

**of full bottles.**
가득 찬 병

📖 빈병 무더기와 술이 담긴 병 무더기를 앞에 놓고 말없이 앉아 있는 술꾼을 보고 그가 말했다.

### 관계대명사 - whom

관계대명사 who는 선행사가 '사람'인 경우에 쓰이며 그것이 이끄는 관계사절에서의 역할에 의해 who, whose, whom으로 격변화를 합니다. 이 문장에서 관계사 whom은 동사 found의 목적어로 사용되고 있습니다. 이 구문을 〈접속사 + 대명사〉로 풀어보면 and he found him settled down~으로 볼 수 있습니다.

### 이 단어는 꼭 기억하세요!

**tippler**[típlər] 술꾼 * tipple 술

**plunge**[plʌndʒ] **A into B** A를 B에 빠지게 하다 [몰아넣다]

**lugubrious**[lugjúːbriəs] 울적한, 가련한 (매우 슬프고 심각함)

### Missing words

1. was inhabited by
2. lugubrious air
3. inquired

"Ashamed of what?" insisted the little prince, who 1._____ _____ help him.

"Ashamed of drinking!" The tippler brought his speech to an end, and shut himself up in an 2._____ silence.

And the little prince went away, 3._____.

"The grown-ups are certainly very, very odd," he said to himself, as he continued on his journey.

"뭐가 부끄러운 거죠?" 그를 도와주고 싶은 어린 왕자가 캐물었다.

"술을 마시는 게 부끄러워!" 술꾼은 말을 끝내고 완전한 침묵 속으로 자신을 닫아버렸다.

그리고 난처해진 어린 왕자는 떠나 버렸다.

"어른들은 정말 너무, 너무 이상하군." 어린 왕자는 여행을 계속하면서 속으로 중얼거렸다.

**9** "Ashamed of drinking!" / The tippler brought his speech to an end.
"술을 마시는 것이 부끄러워!"　　　술꾼은 말을 끝냈다

📖 "술을 마시는 게 부끄러워!" 술꾼은 말을 끝냈다.

### 동사 – 숙어

다음과 같은 재미있는 '이동식 표현(자동사-타동사, 상태-동작)'에 주의를 하십시오. (a) be at an end (끝에 있다, 끝이 나 있다) [상태표현] (b) come to an end (끝으로 오다, 끝이 나다, 끝나다) [자동사 표현] (c) bring ~ to an end (~을 끝으로 가져가다, (~을) 끝내다) [타동사 표현]. 이 문장에서 쓰인 것은 (c)의 [타동사 표현]입니다.

### 이 단어는 꼭 기억하세요!

**impregnable**[imprégnəbl] 난공불락의(매우 견고해서 들어갈 수 없음)

**odd**[ɑd] 이상한, 기묘한

### Missing words

1. wanted to
2. impregnable
3. puzzled

  **Day 14**

**The fourth planet belonged to a businessman.** This man was so much occupied that he did not even raise his head at the little prince's arrival.

"Good morning," the little prince said to him. "Your cigarette has 1._____ _____."

"Three and two 2._____ five. Five and seven make twelve. Twelve and three make fifteen. Good morning. Fifteen and seven make twenty-two. Twenty-two and six make twenty-eight. I haven't time to light it again. Twenty-six and five make thirty-one. Phew! Then that makes five-hundred-and-one million, six-hundred-twenty-two thousand, seven-hundred-thirty-one."

"Five hundred million what?" asked the little prince.

"Eh? Are you still there? Five-hundred-and-one million – I can't stop... I have so much to do! I 3._____ _____ _____ matters of consequence. I don't amuse myself with balderdash. Two and five make seven..."

---

네 번째 별은 사업가의 별이었다. 이 사람은 어찌나 바쁜지 어린 왕자가 도착했을 때 고개조차 들지 않았다.

"안녕하세요." 그가 말했다. "담뱃불이 꺼졌군요."

"3 더하기 2는 5. 5 더하기 7은 12. 12 더하기 3은 15. 안녕. 15에 7을 더하면 22. 22에 6을 더하면 28. 담배에 다시 불을 붙일 시간이 없어. 26에 5를 더하면 31. 휴우! 그러니까 5억 162만 2731이 되는군."

"5억 얼마라고요?" 어린 왕자가 물었다.

"응? 너 아직도 거기 있니? 5억 1백만— 난 멈출 수가 없어……. 난 할 일이 아주 많아! 난 중요한 일을 하는 사람이야. 나는 허튼 소리로 즐거워하지 않는다. 2 더하기 5는 7……."

### 이 문장은 꼭 기억하세요!

**1. The fourth planet belonged / to a businessman.**
네 번째 별은 속했다.  　　　　　　사업가에게

📖 네 번째 별은 사업가의 별이었다.

**동사 - belong**

영어에서는 자동사이지만 우리말로 해석할 때 수동의 의미를 지니는 경우가 있습니다. 예를 들면 '어떤 사람에게 소유되어 있다'는 belong이 그렇습니다. '이것은 네 것이다.'를 This is belonged to you.라고 하면 틀린 문장이고 This belongs to you.라고 해야 합니다. 우리나라 말로 생각할 때는 수동문을 써야 할 것 같지만 자동사이기 때문에 능동문이 되어야 합니다.

**2. I don't amuse myself / with balderdash.**
나는 내 스스로 즐겁지 않다　　　허튼소리에

📖 나는 허튼 소리로 즐거워하지 않는다

**동사 - 재귀동사**

재귀동사란 항상 재귀대명사(myself, yourself, herself, etc.)를 동반하는 타동사를 말하는데 일종의 숙어 형태로 쓰입니다. 여기서 amuse oneself with는 '~으로 즐겁게 하다'는 뜻입니다.

### 이 단어는 꼭 기억하세요!

**occupied** [ákjupàid] 여념이 없는, 정신이 팔린(어떤 것을 하거나 생각하느라 바쁨)

**light** [lait] 불을 붙이다(어떤 것을 태우기 시작함)

**balderdash** [bɔ́:ldərdæ̀ʃ] 허튼소리

### Missing words

1. gone out
2. make
3. am concerned with

"Five-hundred-and-one million what?" repeated the little prince, who never in his life had 1._____ _____ of a question once he had asked it.

The businessman raised his head.

"During the fifty-four years that I have inhabited this planet, I have been disturbed only three times. The first time was twenty-two years ago, when some 2._____ _____ fell from goodness knows where. He made the most frightful noise that resounded all over the place, and I made four mistakes in my addition. The second time, eleven years ago, I was disturbed by an attack of rheumatism. I don? get enough exercise. I have no time for loafing. The third time – well, this it! I was saying, then, five-hundred-and-one millions – "

"Millions of what?"

The businessman suddenly realized that there was 3._____ _____ _____ being left in peace until he answered this question.

"뭐가 5억 1백만 얼마라고요?" 한 번 던진 질문을 포기해 본 적이 없는 어린 왕자가 다시 물었다.

사업가가 고개를 들었다.

"내가 이 별에서 살았던 54년 동안 방해를 받았던 적은 딱 세 번뿐이야. 첫 번째는 22년 전이었는데, 난데없이 나타난 촐랑거리는 거위 때문이었어. 그게 요란한 소리를 내서 사방으로 소리가 울리더군. 그래서 계산이 네 군데나 틀렸었지. 두 번째는 11년 전이었는데, 나는 류머티즘 때문에 방해를 받았어. 난 운동이 충분하지 않았거든. 산보할 시간이 없으니까. 세 번째는 - 바로 지금이야! 가만 있자. 5억 1백만이었지 - "

"뭐가 수백만이라는 거예요?"

사업가는 이 질문에 대답을 하기 전엔 조용해 질 수 없다는 걸 문득 깨달았다.

### 이 문장은 꼭 기억하세요!

**3** **I was disturbed / by an attack of rheumatism.**
나는 방해를 받았다　　　　류머티즘의 발작에 의해

📖 나는 류머티즘 때문에 방해를 받았어.

#### 명사 – 부분 표현

명사는 복수형으로 바꾸어 쓸 수 있는 가산명사와 그렇지 못한 불가산명사로 구분할 수 있습니다. 불가산명사라 할지라도 결코 수량화할 수 없다는 뜻은 아닙니다. 이 문장에서처럼 an attack 또는 a fit과 같은 단위명사를 사용하여 물질이나 추상적인 내용의 일부를 수량화하는 부분 표현으로 '한 차례의 발작, 발병'을 나타냅니다.

**4** **The businessman suddenly realized / that there was no hope**
사업가는 갑자기 깨달았다　　　　　　　　　　　　평화롭게 있게 될
**of being left in peace / until he answered this question.**
희망이 없었다　　　　　　자기가 이 질문에 대답할 때까지

📖 사업가는 이 질문에 대답을 하기 전엔 조용해 질 수 없다는 걸 문득 깨달았다.

#### 명사 – 동격

어떤 명사의 내용을 설명하는 '동격'은 대부분 that절로 나타내지만 명사의 성격에 따라 to부정사를 동격어구로 쓸 수도 있고, 또 〈of + 동명사〉를 동격어구로 사용할 수도 있습니다. 이 문장에서처럼 명사 hope는 to부정사가 아니라 〈of + 동명사〉만을 동격어구로 사용합니다.

### 이 단어는 꼭 기억하세요!

**giddy**[gídi] 어지러운, 현기증이 날 듯한(모든 것이 빙빙 돌고 있어서 자신이 쓰러질 듯한 느낌)

**attack**[ətǽk] 발작, 발병(짧은 기간 어떤 병이나 병적인 상태 등에 몹시 시달림)

### Missing words

1. let go
2. giddy goose
3. no hope of

"Millions of those little objects," he said, "which one sometimes sees in the sky."

"Flies?"

"Oh, no. Little 1._____ objects."

"Bees?"

"Oh, no. Little golden objects that set lazy men to idle dreaming. 2._____ _____ _____, I am concerned with matters of consequence. There is no time for idle dreaming in my life."

"Ah! You mean the stars?"

"Yes, that's it. The stars."

"And what do you do with five-hundred millions of stars?"

---

"수백만 개의 작은 것들," 그는 말했다. 가끔 하늘에 보이는 것."

"파리?"

"아, 아니. 반짝거리는 작은 것들 말이다."

"꿀벌들요?"

"아, 아니, 작은 금빛의 물체들은 게으른 사람들을 나태한 몽상으로 빠지게 한다. 나로서는, 난 중대한 일을 하는 사람이거든! 내 인생에서 공상에 빠질 시간은 없어."

"아! 별을 말하는 거군요?"

"그래, 맞았어. 별이야."

"5억 개의 별을 가지고 뭘 하는 거예요?"

## 5  Little golden objects / that set lazy men to idle dreaming.
작은 금빛의 물체는  게으른 사람들을 나태한 몽상으로 빠지게 한다

📖 작은 금빛의 물체들은 게으른 사람들을 나태한 몽상으로 빠지게 한다.

### 형용사 - gold / golden

a gold watch(금시계)에서 형용사 gold는 '금으로 만들어진(made by gold)'이라는 의미로 쓰입니다. 그러나 형용사 golden은 금의 색깔이나 성질을 의미하기도 하고 또는 상징적으로 사용되기도 합니다. 예를 들면 a golden opportunity(절호의 기회), the golden age(황금시대), the golden rule(황금률) 등이 여기에 해당합니다.

## 6  What do you do / with five-hundred millions of stars?
무엇을 하시나요  5억 개의 별을 가지고

📖 5억 개의 별을 가지고 무엇을 하시나요?

### 형용사 - 수량 형용사

five-hundred millions of stars라는 표현은 문맥상 '5억개의 별'이라는 의미입니다. 그리고 '5억개의 별'이라는 정확한 수가 되기 위해서는 five-hundred million stars라고 해야 합니다. 왜냐하면 정확한 수는 단수로, 막연한 수는 복수로 나타내기 때문입니다.

---

### 이 단어는 꼭 기억하세요!

**glittering** [glítəriŋ] 반짝이는, 빛나는(여러 개의 작은 빛을 반사 시켜서 밝게 빛나게 함)

**golden** ['ɡoʊldən] 금으로 만든, 금빛의, 금과 같은, 밝은 황색의

### Missing words

1. glittering
2. As for me

"Five-hundred-and-one million, six-hundred-twenty-two thousand, seven-hundred-thirty-one. I am concerned with matters of consequence: I 1._____ _____."

"And what do you do with these stars?"

"What do I do with them?"

"Yes."

"Nothing. I own them."

"You own the stars?"

"Yes."

"But I have already seen a king who – "

"Kings do not own, they 2._____ _____. It is a very different matter."

"5억 162만 2731개야. 나는 중대한 일을 하고 있는 사람이야: 나는 정확한 사람이지."

"그 별들을 가지고 뭘 하는 거예요?"

"내가 그 별들을 가지고 뭘 하냐고?"

"예."

"아무것도 안 해. 그것들을 소유하는 거야."

"당신이 별들을 소유하고 있다고요?"

"그래."

"하지만 내가 전에 본 어떤 왕은 -"

"왕은 소유하지 않아. 그들은 지배하는 거야. 그건 아주 다른 얘기야."

### 7  You **own** the stars?
📖 당신은 별들을 소유하고 있다고요?

**동사 - own**

동사 own은 '자신에게 속한 어떤 것을 갖다'라는 뜻으로 진행형을 쓸 수 없는 상태 동사 중의 하나입니다. 앞에서 배운 동사 belong도 동사 own와 같은 부류의 관계를 나타내는 상태 동사입니다.

☑ 동적동사는 진술된 상황의 시작과 끝이 분명한 동사, 상태동사는 시작과 끝의 한계를 분명히 정할 수 없는 동사를 말합니다.

### 8  Kings do not own, / they reign over.
왕은 소유하지 않는다   그들은 통치한다
📖 왕은 소유하지 않아. 그들은 지배하는 거야.

**문장의 종류 - 접속사 예외**

절(clause)은 주어와 동사를 갖고 있는 단어군입니다. 절은 혼자서 완전한 문장을 이룰 수 있느냐 또는 없느냐에 따라서 둘로 나뉩니다. 전자는 독립절 또는 주절이라고 하고, 후자를 종속절이라고 합니다. 이 문장처럼 독립된 두 개의 절이 등위접속사 없이 comma로만 연결된 것을 comma fault(쉼표 오용)이라고 합니다. 그러나 두 개의 절이 짧으면서 대조를 이루기 때문에 comma fault가 정당화될 수 있다고 볼 수 있습니다.

**이 단어는 꼭 기억하세요!**

**accurate**[ǽkjurət] 틀림없는, 정확한, 정밀한(엄밀하고 올바른 것)

**own**[oun] ~을 가지고 있다, 소유하다(자신에게 속한 어떤 것을 갖는)

**reign**[rein] 통치하다, 지배하다

**matter**[mǽtər] 문제, 사항(종종 문제를 일으키는, 생각해야 하거나 다루어야 할 주제나 상황)

**Missing words**
1. am accurate
2. reign over

# 15 Day

"And what good does it do you to own the stars?"

"It does me the good of making me rich."

"And what good does it do you to be rich?"

"It makes it possible for me to buy more stars, if any are ever discovered."

"This man," the little prince said to himself, "reasons a little like my 1._____ _____..."

2._____, he still had some more questions.

"How is it possible for one to own the stars?"

"To whom do they belong?" the businessman retorted, 3._____.

..................................................

"그럼 그 별들을 소유하는 게 당신에게 무슨 도움이 되나요?"

"내가 부자 되는 데 도움이 되지."

"부자 되는 데 무슨 소용이 있어요?"

"어떤 별들이 새로 발견되면 내가 더 많은 별들을 살 수 있지."

"이 사람도," 어린 왕자는 속으로 중얼거렸다. "그 불쌍한 술꾼처럼 말하고 있군……."

그럼에도 불구하고 그는 질문을 좀 더 계속했다.

"별을 어떻게 소유할 수 있어요?"

"별들이 누구에게 속해 있냐고?" 사업가가 짜증이 난 듯 쏘아붙였다.

> **이 문장은 꼭 기억하세요!**

**1** **It makes it possible / for me to buy more stars.**
　　가능하게 한다　　　　　　　내가 더 많은 별을 사는 것을

📖 내가 더 많은 별들을 살수 있지.

### 대명사 - it

'it이 to 이하를 가리키는 구문'으로 두번째 it이 동사 makes의 목적어이기는 하나 실제 내용을 담고 있는 목적어는 to buy(명사적 용법)입니다. 이 it을 가목적어라고 하며 to부정사구 to buy를 진목적어라고 합니다. to부정사의 행위 주체(주어)인 me 를 부정사의 의미상의 주어라고 합니다.

> **이 단어는 꼭 기억하세요!**

**good**[gud] 이익(이 되는 것), 도움[소용]이 되는 것(어떤 사람이나 사물에 도움이 됨)

**nevertheless**[nèvərðəlés] 그럼에도 불구하고, 그렇지만, 역시

> **Missing words**

1. poor tippler
2. Nevertheless
3. peevishly

"I don't know. To nobody."

"Then they belong to me, because I was the first person to 1._____ _____ it."

"Is that all that is necessary?"

"Certainly. When you find a diamond that belongs to nobody, it is yours. When you discover an island that belongs to nobody, it is yours. When you get an idea before any one else, you 2._____ _____ a patent on it: it is yours. So with me: I own the stars, because nobody else before me ever thought of owning them."

"Yes, that is true," said the little prince. "And what do you do with them?"

"I administer them," replied the businessman. "I count them and recount them. It is difficult. But I am a man who is 3._____ interested in matters of consequence."

The little prince was still not satisfied.

---

"모르겠어요. 누구의 것도 아니겠죠."

"그러니까 내 것이지, 내가 제일 먼저 그 생각을 했으니까."

"그러면 당신 것이 되는 건가요?"

"물론이지. 네가 임자 없는 다이아몬드를 발견한다면, 그것은 네 것이 되는 거야. 네가 임자 없는 섬을 발견한다면, 그건 네 소유가 되는 거고. 네가 어떤 좋은 생각을 제일 먼저 해냈으면 특허를 받아야 해. 그럼 그게 네 소유가 되는 거야: 그런 식으로 나는 별들을 소유하고 있는 거야: 나보다 먼저 그것들을 소유할 생각을 한 사람은 아무도 없었거든."

"그건 사실이에요." 어린 왕자가 말했다. "당신은 별들을 가지고 뭘 하세요?"

"그것들을 관리하지." 사업가가 대답했다. "나는 별들을 세고 또 세어 보지. 그건 힘든 일이야. 하지만 난 원래 중요한 일에 관심이 있는 사람이야."

어린 왕자는 아직 만족하지 않았다.

### 이 문장은 꼭 기억하세요!

**2** **When you find a diamond / that belongs to nobody, / it is yours.**
다이아몬드를 발견할 때　　　어느 누구의 것도 아닌　　　그것은 너의 것이다

📖 네가 임자 없는 다이아몬드를 발견한다면, 그것이 네 것이 되는 거야.

#### 소유대명사 - yours

'당신의 것'이라는 의미를 나타내는 경우는 소유대명사인 yours를 씁니다. 소유대명사는 인칭대명사를 토대로 만들어진 것으로, 전후 문맥을 통하여 지시 대상을 알 수 있는 경우 〈소유격 + 명사〉 대신에 쓰입니다.

**3** **I own the stars, / because nobody else before me ever /**
나는 별을 소유한다　　　왜냐하면 다른 어느 누구도 나보다 먼저

**thought of owning them.**
그것들을 소유할 생각

📖 나는 별들을 소유하고 있는 거야. 나보다 먼저 그것들을 소유할 생각을 한 사람은 아무도 없었거든.

#### 부사 - else

부사 else는 그 밖에(in addition; besides)라는 뜻으로 부정대명사와 결합해서 someone else(어떤 다른 사람), anyone else(누구든지 다른 사람), anything else(무슨 다른 것) 등으로, 의문대명사와 결합해서 what else(다른 무엇), who else(그 밖의 누구) 등으로 사용됩니다. 언제나 결합되는 낱말 뒤에 옵니다.

---

### 이 단어는 꼭 기억하세요!

**take out a patent**[pǽtnt] 특허를 얻다

**administer**[ædmínistər] ~을 관리하다, 운영하다, 다스리다(어떤 사물을 지배하거나 관리함)

**naturally**[nǽtʃərəli] 기대한 대로, 예상대로, 당연히, 물론

### Missing words

1. think of
2. take out
3. naturally

**Day** 11 12 13 14 15 16 17 18 19 20

"If I owned a silk scarf," he said, "I could put it around my neck and take it away with me. If I owned a flower. I could 1._____ that flower and take it away with me. But you cannot pluck the stars from heaven…"

"No. But I can put them in the bank."

"Whatever does that mean?"

"That means that I write the number of my stars on a little paper. And then I put this paper in a 2._____ _____ _____ it with a key."

"And that is all?"

"That is enough," said the businessman.

"It is entertaining," thought the little prince. "It is rather 3._____. But it is of no great consequence."

On matters of consequence, the little prince had ideas which were very different from those of the grown-ups.

"내가 만약에 실크 스카프를 갖고 있다면요," 그가 말했다. "나는 그걸 목에 두르고 다닐 수도 있어요. 내가 꽃을 소유하고 있다면 그 꽃을 꺾어 가지고 다닐 수가 있어요. 하지만 당신은 별을 하늘에서 딸 수가 없잖아요……."

"그럴 수는 없지. 하지만 그것들을 은행에 맡길 수는 있지."

"도대체 그게 무슨 뜻이에요?"

"그것은 내가 조그만 종이에다 내 별들의 숫자를 적는 것을 의미하지. 그리고 나서 서랍에 종이를 넣고 열쇠로 잠그는 거야."

"그게 다인가요?"

"그뿐이지." 사업가가 말했다.

"재미있군." 어린 왕자는 생각했다. "약간 시적(詩的)이고, 하지만 그리 중요한 일은 아니군."

중요한 일에 관해서, 어린 왕자는 어른들과 무척 다른 생각을 가지고 있었다.

### 이 문장은 꼭 기억하세요!

**4** **That means / that I write the number of my stars / on a little**
그것은 의미한다   내 별들의 숫자를 적는다              작은 종이 위에
**paper.**
📖 그것은 내가 조그만 종이에다 내 별들의 숫자를 적는 것을 의미하지.

#### 명사 - 셀 수 없는 명사
셀 수 없는 명사인 paper(종이)를 '한장의 종이'처럼 셀 수 있는 명사로 표현할 때 a piece[sheet, slip] of paper라고 합니다. 이 문장에 쓰인 a little paper는 a little piece[sheet, slip] of paper의 뜻입니다.

**5** **On matters of consequence, / the little prince had ideas /**
중요한 문제에 대하여              어린 왕자는 생각을 가지고 있었다
**which were very different from those of the grown-ups.**
어른들의 그것과 매우 다른
📖 중요한 일에 관해서, 어린 왕자는 어른들과 무척 다른 생각을 가지고 있었다.

#### 대명사 - those
말을 세련되게 하기 위해서는 같은 낱말을 반복해서는 안 됩니다. 때문에 앞에 나온 복수 명사(ideas)의 반복을 피하기 위해 those를 사용합니다. 뒤에는 항상 〈of + 명사〉를 비롯한 형용사구를 동반합니다.

### 이 단어는 꼭 기억하세요!

**pluck**[plʌk] ~을 잡아 뽑다, 잡아당기다, 홱 뺏다(어떤 곳에서 어떤 사물을 치우거나 제거함)
**lock**[lɑk] 자물쇠를 잠그다, 자물쇠로 잠그다
**poetic**[pouétik] 시의, 시적인(시와 관련되거나 시의 전형적인 특성)

### Missing words
1. pluck
2. drawer and lock
3. poetic

"I myself own a flower," he continued his conversation with the businessman, "which I water every day. I own three volcanoes, which I clean out every week (for I also clean out the one that is extinct; one never knows). It is of some use to my volcanoes, and it is of some use to my flower, that I own them. But you are 1.___ ___ ___ to the stars..."

The businessman opened his mouth, but he found nothing to say in answer. And the little prince went away.

"The grown-ups are certainly altogether 2.___," he said simply, talking to himself as he continued on his journey.

---

"나는 내 꽃 한 송이를 가지고 있어요." 어린 왕자는 사업가와 계속 대화를 했다. "나는 매일 물을 줘요. 세 개의 화산도 소유하고 있어서 매주 청소를 해요(사화산도 청소하니까, 세 개란 말이죠. 어떤 사람도 모르거든요.) 내가 그것들을 소유하는 건 화산들에게나 꽃에게 유익한 일이에요. 하지만 당신은 별들에게 유익하지 않잖아요……."

사업가는 입을 열었으나 할 말을 찾지 못했다. 그리고 어린 왕자는 떠나 버렸다.

"어른들은 확실히 너무 이상해." 어린 왕자는 여행을 계속하면서 속으로 중얼거렸다.

**6** "I **myself** own a flower," / he continued his conversation / with
"나 자신은 꽃을 한 송이 갖고 있어요,"    그는 계속하여 이야기했다

**the businessman.**
사업가와

📖 "나는 내 꽃 한 송이를 가지고 있어요." 어린 왕자는 사업가와 계속 대화를 했다.

### 재귀대명사 - 용법 및 위치

재귀대명사는 문장을 완전하게 하기 위하여 필수적으로 쓰이는 재귀적 용법과 강조하기 위하여 쓰이는 강조적 용법 두 가지가 있습니다. 이 문장처럼 강조적 용법으로 쓰인 재귀대명사는 '다른 사람이 아닌 바로 그 사람'의 뜻을 나타내는 것으로 문장이나 절의 목적어, 보어 등의 역할을 하지 않고 대신에 주어, 목적어 등에 첨가되어 이 요소를 강조하는 역할을 하며, 강조되는 단어가 주어인 경우 재귀대명사는 문장 끝에 둘 수 있으며 또한 그렇게 하는 것이 구어체의 특징입니다.

**7** It is <u>of some use</u> / to my volcanoes, / and it is of some use / to
그것은 어느 정도 유익하다    내 화산들에게         그리고 그것은 어느 정도 유익하다

**my flower, / that I own them.**
내 꽃에게        내가 그것들을 소유하는 것

📖 내가 그것들을 소유하는 것이 화산들에게나 꽃에게 유익한 일이에요.

### 대명사 - it

이 문장은 이른바 It ~ that구문으로 진주어가 that절인 명사절이고 가주어는 it입니다. 두 개의 of some use(형용사구)가 문장의 보어 역할을 합니다.

---

### 이 단어는 꼭 기억하세요!

**clean out** 물건을 치워 어떤 장소를 깨끗이 하다, 치우다, 죄다 청소하다

**altogether**[ɔːltəɡéðər] 완전히 * 말하고자 하는 바를 강조하는 데에 쓰임

### Missing words

1. of no use
2. extraordinary

# ★ Vocabulary Check A ★

|  |  | | |
|---|---|---|---|
| 1 | recognize | | ✓ |
| 2 | murmur | | ☐ |
| 3 | vex | | ☐ |
| 4 | bulky | | ☐ |
| 5 | justice | | ☐ |
| 6 | ambassador | | ☐ |
| 7 | conceited | | ☐ |
| 8 | admire | | ☐ |
| 9 | interest | | ☐ |
| 10 | light | | ☐ |
| 11 | attack | | ☐ |
| 12 | reign | | ☐ |
| 13 | administer | | ☐ |
| 14 | pluck | | ☐ |
| 15 | poetic | | ☐ |

# ★ Vocabulary Check B ★

| | | | |
|---|---|---|---|
| 1 | 흰 담비, 어민 | | ✓ |
| 2 | ~을 방해하다, 막다 | | ☐ |
| 3 | 복종하지 않는, 반항적인 | | ☐ |
| 4 | ~에 좌우되다, 기초를 두다 | | ☐ |
| 5 | 역서, 책력 | | ☐ |
| 6 | 알뜰한, 절약하는, 검소한, 검약하는 | | ☐ |
| 7 | 손뼉을 치다 | | ☐ |
| 8 | 떠나다, 가 버리다 | | ☐ |
| 9 | 울적한, 가련한 | | ☐ |
| 10 | 허튼소리 | | ☐ |
| 11 | 반짝이는, 빛나는 | | ☐ |
| 12 | 틀림없는, 정확한, 정밀한 | | ☐ |
| 13 | 특허를 얻다 | | ☐ |
| 14 | 자물쇠를 잠그다, 자물쇠로 잠기다 | | ☐ |
| 15 | 완전히 | | ☐ |

  **Day**

# 16

The fifth planet was very strange. It was the smallest of all. There was just enough room on it for a street lamp and a 1._____. The little prince was not able to reach any explanation of the use of a street lamp and a lamplighter, somewhere in the heavens, on a planet which had no people, and not one house. But he said to himself, nevertheless:

"It may well be that this man is absurd. But he is not so absurd as the king, the conceited man, the businessman, and the tippler. For at least his work has some meaning. When he lights his street lamp, it is as if he brought one more star to life, or one flower. When he puts out his lamp, he sends the flower, or the star, to sleep. That is a beautiful 2._____. And since it is beautiful, it is truly useful."

---

다섯 번째 별은 매우 특이했다. 그것은 제일 작은 별이었다. 가로등 하나와 가로등을 켜는 사람이 있을 자리 밖에 없었다. 하늘 어딘가에 집도 없고 사람도 없는 별에서 가로등과 그걸 켜는 사람이 무슨 소용이 있는지 어린 왕자는 도무지 이해할 수가 없었다. 그렇지만, 속으로 중얼거렸다:

"이 사람은 아마 우스꽝스러운 사람이겠군. 그러나 그는 왕이나 허영심 많은 사람이나 사업가 혹은 술꾼만큼 우스꽝스럽지는 않아. 왜냐하면 적어도 그가 하는 일은 약간 의미가 있거든. 그가 가로등을 켤 때는 별 한 개나 혹은 꽃 한 송이를 더 태어나게 하는 거나 마찬가지니까. 가로등을 끌 때면 그 꽃이나 그 별을 잠들게 하는 거고. 그거 아주 아름다운 직업이군. 아름다우니까 진실로 유익한 거야."

### 이 문장은 꼭 기억하세요!

**1** It may well be that this man is absurd. / But he is not so
어쩌면 이 남자는 우스꽝스러울지도 모른다    그러나 그는 그만큼은
absurd / as the king.
우스꽝스럽지 않다  왕만큼

📖 이 사람은 아마 우스꽝스러운 사람이겠죠. 그러나 그는 왕만큼 우스꽝스럽지는 않아.

**비교급 - 원급 비교의 부정**

성질·상태 등이 같은 정도라는 것은 나타내는 것을 '원급 비교'라고 하며 〈as + 원급 + as〉로 나타냅니다. 현대 영어에서 동등 비교의 부정은 관용적인 표현을 제외하고는 not as ~ as이며, not so ~ as는 주로 영국 영어에서만 사용됩니다.

**2** When he lights his street lamp, / it is as if he brought one
그가 가로등을 켤 때          마치 그가 별 하나를 더 생기게
more star to life, / or one flower.
회복시켜 주는 것 같았다   또는 꽃 한 송이를 더

📖 그가 가로등을 켤때는 별 한개나 혹은 꽃 한송이를 더 태어나게 하는 거나 마찬 가지니까.

**동사 - 숙어**

영어의 동사 표현은 [자동사 표현]과 [타동사 표현]으로 크게 나누어집니다. a) come to life(생기를 회복하다, 의식을 되찾다)[자동사 표현] b) bring ~ to life(생기를 회복시켜 주다, 의식을 회복시켜 주다)[타동사 표현]. 이 문장에서는 one flower 다음에 to life가 생략된 [타동사 표현]입니다.

### 이 단어는 꼭 기억하세요!

**lamplighter**[lǽmplàitər] 가로등을 켜는 사람
**absurd**[æbsə́:rd] 불합리한, 이치에 닿지 않는, 어리석은(전혀 논리적이지 않거나 현명하지 않음)
**occupation**[àkjupéiʃən] 일자리, 직업

**Missing words**
1. lamplighter
2. occupation

Day 16

When he arrived on the planet he 1._____ saluted the lamplighter.

"Good morning. Why have you just put out your lamp?"

"Those are the orders," replied the lamplighter. "Good morning."

"What are the orders?"

"The orders are that I 2._____ _____ my lamp. Good evening."

And he lighted his lamp again.

"But why have you just lighted it again?"

"Those are the orders," replied the lamplighter.

"I do not understand," said the little prince.

그가 그 별에 도착했을 때, 가로등 켜는 사람에게 공손히 인사했다.

"안녕. 당신은 왜 가로등을 방금 껐어?"

"이건 명령이야." 가로등 켜는 사람이 대답했다. "안녕."

"명령이 뭔데?"

"명령은 내 가로등을 끄는 거지. 잘 자."

그리고 그는 다시 불을 켰다.

"그런데, 지금 왜 가로등을 다시 켰어?"

"그것은 명령이야." 가로등 켜는 사람이 대답했다.

"나는 무슨 말인지 모르겠는걸." 어린 왕자가 말했다.

**3** When he arrived on the planet / he respectfully saluted / the
그가 별에 도착했을 때                    그는 공손하게 인사를 했다

lamplighter.
가로등 켜는 사람에게

📖 그가 그 별에 도착했을 때, 가로등 켜는 사람에게 공손히 인사했다.

### 부사 - 위치
부사는 다른 품사와는 달리 문장 내에서 위치가 비교적 자유롭습니다. 그러나 일반적으로 형용사나 부사를 수식하는 경우는 수식 받는 어구의 앞에 옵니다. 부사는 문장의 끝 또는 글머리에 오지만 동사와 직접목적어 사이에 오는 경우는 드뭅니다. 그래서 he saluted respectfully the lamplighter라고는 할 수 없지만 he saluted the lamplighter respectfully라고는 할 수 있습니다.

**4** Good morning. Why have you just put out your lamp?

📖 안녕. 당신은 왜 가로등을 방금 껐어?

### 동사의 시제 - 과거와 현재완료
매우 짧은 시간 전에(a very short time before)라는 뜻의 just(방금, 막)와 함께 쓰이는 시제는 현재완료가 선호됩니다(영국 영어에서는 과거와 현재완료가 함께 사용되지만 새로운 정보를 제공하는 경우에는 현재완료). 미국 영어에서는 어느 경우나 과거 시제가 사용됩니다.

### 이 단어는 꼭 기억하세요!

**respectful**[rispéktfəl] 예의바른, 공손한, 정중한, (~에게) 경의를 표하는

**put out** ~을 끄다, ~의 스위치를 돌리다(불타고 있는 것을 끄거나 전기 스위치를 돌리는 것)

**order**[ɔ́ːrdər] 명령, 지시(권위 있는 지위에 있는 사람에게 지시받은 어떤 일)

### Missing words
1. respectfully
2. put out

"There 1. _____ _____ _____ understand," said the lamplighter. "Orders are orders. Good morning."

And he put out his lamp.

Then he mopped his forehead with a handkerchief decorated with red squares.

"I follow a terrible profession. In the old days it was reasonable. I put the lamp out in the morning, and in the evening I lighted it again. I had 2. _____ _____ _____ the day for relaxation and the rest of the night for sleep."

"And the orders have been changed since that time?"

"The orders have not been changed," said the lamplighter. "That is the tragedy! From year to year the planet has turned more 3. _____ and the orders have not been changed!"

---

"이해할 건 아무것도 없어," 가로등을 켜는 사람이 말했다. "명령은 명령이니까. 안녕."

그리고 가로등을 껐다.

그리고 나서 빨간 체크무늬 손수건으로 이마를 닦았다.

"난 정말 힘겨운 직업을 가졌어. 예전에는 적당했는데. 아침에 불을 끄고 저녁이면 다시 켰지. 그래서 나머지 낮 시간에는 쉬고 나머지 밤 시간에는 잠을 잤어."

"그럼, 그 후에 명령이 바뀌었어?"

"명령은 바뀌지 않았어." 가로등 켜는 사람이 말했다. "그게 비극이지! 해마다 이 별은 더 빨리 돌고 있는데 명령은 바뀌지 않았어!"

### 이 문장은 꼭 기억하세요!

**5** I put the lamp out in the morning, / and in the evening I lighted
나는 아침에 가로등을 껐다. 그리고 저녁에 나는 가로등을

it again.
다시 켰다.

📖 아침에 불을 끄고 저녁이면 다시 켰지.

#### 부사 - 위치
부사는 다른 품사와는 달리 비교적 문장 내에서 위치가 자유롭지만 이 문장처럼 '일정한 때를 나타내는 부사'는 문장의 끝 또는 글머리에 옵니다. Sometimes everyone cries. / Everyone sometimes cries. / Everyone cries sometimes.(모든 사람은 우는 경우가 있다.)

**6** From year to year / the planet has turned more rapidly / and
해마다 이별은 보다 빨리 돈다 그리고

the orders have not been changed!
명령은 변하지 않았다

📖 해마다 이 별은 더 빨리 돌고 있는데 명령은 바뀌지 않았어!

#### 관사 - 무관사 용법
셀 수 있는 명사의 단수형에는 관사 또는 관사에 상당하는 한정사(my, Tom's, this, any 등)를 붙이는 것이 원칙입니다. 그러나 '동일한 2개의 명사가 전치사나 접속사에 의해 대구(對句)를 이루는 경우'에는 셀 수 있는 명사의 단수라도 (부정)관사를 붙이지 않습니다. arm in arm (팔짱을 끼고) man and wife (부부) 등

### 이 단어는 꼭 기억하세요!

mop[mɑp] 훔치다, 닦이(천이나 부드러운 것으로 문질러서 표면에서 액체를 제거하는 것)

profession[prəféʃən] 전문직(특별한 교육과 훈련이 필요함)

relaxation[rìːlækséiʃən] 휴식(마음과 몸이 편안한 상태, 또는 그러한 과정)

### Missing words
1. is nothing to
2. the rest of
3. rapidly

Day 11 12 13 14 15 16 17 18 19 20

"Then what?" asked the little prince.

"Then – the planet now makes a complete turn every minute, and I 1._____ _____ have a single second for repose. Once every minute I have to light my lamp and put it out!"

"That is very funny! A day lasts only one minute, here where you live!"

"It is not funny 2._____ _____!" said the lamplighter. "While we have been talking together a month has gone by."

"A month?"

"Yes, a month. Thirty minutes. Thirty days. Good evening."

And the lighted his lamp again.

As the little prince watched him, he felt that he loved this lamplighter who was so 3._____ to his orders. He remembered the sunsets which he himself had gone to seek, in other days, merely by pulling up his chair; and he wanted to help his friend.

"그래서 어떻게 했어?" 어린 왕자가 말했다.

"그래서 - 이 별이 이제 일 분마다 완전한 회전을 하고, 나는 더 이상 일 초도 쉴 수가 없어. 매분마다 한 번씩 껐다가 켜야 해."

"무척 재미있어! 당신이 사는 이곳은 하루가 겨우 일 분이군!"

"전혀 재미있지 않아!" 가로등 켜는 사람이 말했다. "우리가 서로 얘기하는 사이에 벌써 한 달이 지났단다."

"한 달?"

"그래. 한 달. 삼십 분이니까. 삼십 일이지! 잘 자."

그리고는 그는 다시 가로등을 켰다.

어린 왕자가 그를 바라보았을 때, 그는 자신의 명령에 그토록 충실한 점등부(點燈夫)가 좋아졌다. 의자를 좀 당겨서 일몰을 보고 싶어 하던 지난 일이 떠올랐다. 그 친구를 도와주고 싶었다.

## 이 문장은 꼭 기억하세요!

**7** **The planet now makes a complete turn / every minute,**
별은 이제 한 번의 완전한 회전을 한다  일분마다

📖 이 별이 이제 일 분마다 완전한 회전을 하고,

### 명사 - 부사적 용법
'어떤 것'을 가리키는 이름인 명사는 문장 중에서 주어, 보어, 또는 목적어 노릇을 하며, 때로는 다른 명사를 수식하는 형용사 구실도 합니다. 이 문장에서처럼 명사(구)(every minute)가 부사(구)처럼 쓰이는 경우도 있는데, 이것은 대체로 전치사가 생략된 부사(구)로 볼 수 있으며 동사를 수식합니다.

**8** **While we have been talking together a month has gone by.**

📖 우리가 서로 얘기하는 사이에 벌써 한 달이 지났단다.

### 동사의 시제 - 현재완료와 현재완료진행
시간을 나타내는 부사어구가 없는 경우 현재완료진행은 과거에 시작되어 지금도 계속 진행되고 있는 동작을 나타내지만 이 문장에서는 '현재의 결과'가 주절의 내용인 '한 달이 지나갔다'는 것입니다.

### 이 단어는 꼭 기억하세요!

**repose**[ripóuz] 휴식, 수면
**faithful**[féiθfəl] 충실한, 성실한(사람이나 사물에 충성을 보이며 지속적인 지원을 하는)
**seek**[si:k] 찾다, 추구하다, 모색하다(어떤 것을 찾거나 얻으려고 함)

### Missing words
1. no longer
2. at all
3. faithful

"You know," he said "I can tell you a way you can rest whenever you want to..."

"I always want to rest," said the lamplighter.

For it is possible for a man to be faithful and lazy 1._____ _____ _____ _____.

The little prince went on with his explanation:

"Your planet is so small that three 2._____ will take you all the way around it. To be always in the sunshine, you need only walk along rather slowly. When you want to rest, you will walk – and the day will last 3._____ _____ _____ you like."

"That doesn't do me much good," said the lamplighter. "The one thing I love in life is to sleep."

"Then you're unlucky." said the little prince.

"I am unlucky," said the lamplighter. "Good morning."

And he put out his lamp.

---

"저 말이야," 그가 말했다. "네가 원할 때마다 쉴 수 있는 방법을 말해 줄 수 있어……."

"나는 항상 쉬고 싶어." 가로등 켜는 사람이 말했다.

인간은 성실하면서도 동시에 게으름 피울 수도 있다.

어린 왕자는 말을 계속했다:

"당신 별은 너무 작아서 세 걸음만 옮기면 어디든 갈 수 있잖아. 언제나 햇빛을 받고 싶으면 천천히 걸어가기만 하면 되는 거야. 쉬고 싶을 때면 걸어가도록 해 ― 그럼 하루 해가 원하는 만큼 지속될 거야."

"그건 별로 도움이 되지 못하겠는걸." 가로등 켜는 사람이 말했다. "내가 좋아하는 건 잠자는 거니까."

"그거 불운하군." 어린 왕자가 말했다.

"난 불운해." 가로등 점등부가 말했다. "안녕."

그리고는 등을 껐다.

### 이 문장은 꼭 기억하세요!

**9** I can tell you a way / you can rest / whenever you want to.
나는 당신에게 방법을 알려줄 수 있다   당신이 쉴 수 있는   당신이 원할때마다

📖 네가 원할 때마다 쉴수 있는 방법을 말해 줄 수 있어.

**부정사 - 대부정사**

같은 동사의 반복을 피하기 위하여 두 번째 사용하는 동사를 생략하고 to만 쓰는 경우를 to뿐인 부정사(대부정사, 代不定詞)라고 합니다. 이 to는 문장 끝에 오는 것이 보통이고, 구어체에 많이 쓰입니다. 만약 to를 생략하면 의미가 바뀔 우려가 있습니다.

**10** Your planet is so small / that three strides will take you all the
당신의 별은 너무 작다                      크게 세 걸음을 걸으면

way around it.
한 바퀴를 돌 것이다

📖 당신 별은 너무 작아서 세 걸음만 옮기면 어디든 갈 수 있잖아.

**명사 - 무생물 주어**

무생물 주어가 행위자를 나타내는 경우가 우리말에는 거의 없기 때문에, 이를 직역(直譯)하면 부자연스러운 표현이 되기 쉽습니다. 무생물 주어는 대개 '이유·조건·양보·시간' 등을 나타내는 부사처럼 번역하면 됩니다. 이 문장은 조동사 will 때문에 '조건'으로 해석하면 자연스럽습니다.

### 이 단어는 꼭 기억하세요!

**rest**[rest] 휴식하다, 쉬다(무엇을 하는 것을 멈추고 일정 시간동안 쉬거나 잠을 잠)
**stride**[straid] 활보, 한달음(빠르고 큰 걸음으로)
**as long as** ~만큼 오래

### Missing words

1. at the same time
2. strides
3. as long as

"That man," said the little prince to himself, as he continued 1._____ on his journey, "that man would be scorned by all the others: by the king, by the conceited man, by the tippler, by the businessman. Nevertheless he is the only one of them all who does not seem to me ridiculous. Perhaps that is because he is thinking of something else besides himself."

He breathed a sigh of regret, and said to himself, again:

"That man is the only one of them all whom I could have made my friend. But his planet is indeed too small. There is no room on it for two people…"

What the little prince did not dare 2._____ was that he was sorry most of all to leave this planet, because it was blest every day with 1,440 sunsets!

"저 사람은,"하고 어린 왕자는 여행을 계속하면서 속으로 중얼거렸다. "다른 사람들, 왕이나 허영심 많은 사람이나 술꾼, 혹은 사업가 같은 사람들에게 멸시 받을 테지. 하지만 나에게 우스꽝스럽게 보이지 않는 사람은 저 사람뿐이야. 어쩌면 그것은 저 사람이 자기 자신이 아닌 다른 일에 전념하기 때문일 거야."

그는 섭섭해서 한숨을 내쉬며, 다시 중얼거렸다:

"내가 친구로 삼을 수 있는 사람은 저 사람뿐이었는데. 하지만 그의 별은 너무 작아. 두 사람이 있을 자리가 없어……."

어린 왕자가 차마 고백하지 못하는 사실은 그 별이 매일 1,440번이나 해가 지는 축복을 받았기 때문에 그 별을 떠나기를 가장 아쉬워했다는 것이었다!

### 이 문장은 꼭 기억하세요!

**11** **Perhaps** / **that is because he is thinking of something else** /
어쩌면         그것의 이유는 그가 다른 어떤 것을 생각하고 있기 때문이다
**besides himself.**
자기 자신 이외에

📖 어쩌면 그것은 저 사람이 자기 자신이 아닌 다른 일에 전념하기 때문일 거야.

#### 전치사 - besides

전치사 besides는 '어떤 사람이나 어떤 것에 더하여' 즉 '~이외에, ~에 더하여(in addition to)'라는 뜻으로, 이미 알려져 있는 정보에 새로운 것을 추가시킬 때 사용합니다. 부정문과 의문문에서는 '외에는, 빼고서는'의 뜻으로 쓰이므로 주의를 해야 합니다. No one knows besides me.(나 외에는 아무도 모른다.)

**12** **That man is the only one of them all whom** / **I could have**
그 사람은 (그들 중) 유일한 사람이다                            내가 친구로
**made my friend.**
삼을 수도 있었다

📖 내가 친구로 삼을 수 있는 사람은 저 사람뿐이었는데.

#### 관계대명사 - whom

관계대명사 who는 선행사가 '사람'인 경우에 쓰이며, 관계사절에서의 역할에 따라 who, whose, whom 등으로 변합니다. 이 문장에서는 동사 made의 목적어로 사용되고 있습니다. 이처럼 목적격 whom은 그것이 이끄는 관계사절 중에서 동사의 목적어인 경우에 쓰입니다.

#### 이 단어는 꼭 기억하세요!

**ridiculous**[ridíkjuləs] 웃기는, 어처구니없는(어리석거나 터무니없음)
**breathe**[briːð] **a sigh of** ~의 한숨을 내쉬다
**blest**[blest] 신성한, 신의 은총을 받은, 축복 받은(= blessed)

#### Missing words

1. farther
2. confess

The sixth planet was ten times larger than the last one. It was inhabited by an old gentleman who wrote 1._____ books.

"Oh, look! Here is an explorer!" he exclaimed to himself when he saw the little prince coming.

The little prince sat down on the table and 2._____ a little. He had already traveled so much and so far!

"Where do you come from?" the old gentleman said to him.

"What is that big book?" said the little prince. "What are you doing?"

"I am a 3._____." the old gentleman said to him.

"What is a geographer?" asked the little prince.

"A geographer is a scholar who knows the location of all the seas, rivers, towns, mountains, and deserts."

---

여섯 번째 별은 지난 번 것보다 열 배나 큰 별이었다. 그 별에는 방대한 책을 쓰는 노 신사 한 분이 살고 있었다.

"아, 여기 탐험가가 한 명 있군!" 어린 왕자가 오는 것을 보며 그가 큰 소리로 외쳤다.

어린 왕자는 테이블 위에 앉아 조금 숨을 헐떡였다. 이미 상당히 멀리 여행을 했던 것이다!

"너는 어디에서 왔어?" 노인이 그에게 물었다.

"그 큰 책은 뭐예요?" 어린 왕자가 물었다. "뭘 하시는 건가요?"

"난 지리학자란다." 노인이 그에게 말했다.

"지리학자가 뭐예요?" 어린 왕자가 물었다.

"모든 바다와 강과 도시와 산, 그리고 사막이 어디에 있는지를 아는 사람이지."

### 이 문장은 꼭 기억하세요!

**1** **The sixth planet was ten times larger / than the last one.**
여섯 번째 별은 열 배 더 컸다                                   바로 전의 별보다

📖 여섯 번째 별은 지난 번 것보다 열 배나 큰 별이었다.

#### 명사 - 부사적 용법
명사(구)가 형용사를 수식하는 경우가 있는데, 이런 것을 명사의 부사적 용법이라고 합니다. 이 문장처럼 비교급의 문장인 경우 형용사를 수식하는 명사(구)(ten times)는 수사를 포함한 부사구로 사용되어 정도의 차이를 구체적으로 나타낼 수 있습니다.= The sixth planet was larger than the last one by ten times.(=부사구)

**2** **The little prince sat down / on the table / and panted a little. /**
어린 왕자는 앉았다              책상 위에         그리고 조금 숨을 헐떡였다

**He had already traveled / so much and so far!**
그는 이미 여행을 했다              아주 많이 꽤먼

📖 어린 왕자는 테이블 위에 앉아 조금 숨을 헐떡였다. 이미 상당히 멀리 여행을 했던 것이다!

#### 동사의 시제 - 과거완료
과거완료는 과거 일정 시간이나 시점을 기준으로 하여 그 이전에 일어난 상황을 나타낼 때 사용합니다. 그러므로 과거완료는 '과거 속의 과거(past in the past)'를 뜻합니다. 이 문장에서 앞절의 과거 시제(sat, panted)에 대한 배경 설명이 바로 과거완료 시제(had traveled)입니다.

### 이 단어는 꼭 기억하세요!

**voluminous**[vəlúːmənəs] 권수가 많은, 저작이 많은, 대작의(책·문서 등이 매우 길고 많은 정보를 포함하는)

**pant**[pænt] 숨을 헐떡이다(짧고 요란스런 호흡으로 빠르게 숨쉼)

**geographer**[dʒiːágrəfər] 지리학자(바다·강·산·도시·인구·날씨 등을 포함한 전 세계 국가들에 관한 지리 정보를 연구하는 사람)

### Missing words
1. voluminous
2. panted
3. geographer

"That is very interesting," said the little prince. "Here 1._____ _____ is a man who has a real profession!" And he 2._____ a look around him at the planet of the geographer. It was the most magnificent and stately planet that he had ever seen.

"Your planet is very beautiful," he said. "Has it any oceans?"

"I couldn't tell you," said the geographer.

"Ah!" The little prince was disappointed. "Has it any mountains?"

"I 3._____ _____ you," said the geographer.

"And towns, and rivers, and deserts?"

"I couldn't tell you that, either."

"But you are a geographer!"

"그거 무척 재미있네요." 어린 왕자가 말했다. "드디어 여기 진짜 직업을 가진 분이 계시군요!" 어린 왕자는 지리학자의 별을 한 번 둘러보았다. 그처럼 멋지고 당당한 별을 본 적이 없었다.

"당신의 별은 참 아름답군요." 그는 말했다. "넓은 바다도 있나요?"

"난 너에게 말해줄 수 없어." 지리학자가 말했다.

"오!" 어린 왕자는 실망했다. "산은 있나요?"

"난 말할 수 없어." 지리학자가 말했다.

"그럼 도시와 강과 사막은요?"

"난 그것도 역시 말할 수 없어."

"하지만 당신은 지리학자잖아요!"

### 이 문장은 꼭 기억하세요!

**3 I couldn't tell you,**
📖 난 너에게 말해 줄 수 없어.

#### 조동사 - could
법조동사란 어떤 상황을 하나의 사실로 보지 않고, 말하는 사람이 마음속에 생각한 것을 서술하거나 마음의 태도 등을 표현하는 데 사용되는 조동사입니다. could는 현재 또는 미래의 가능성을 나타내며 그 가능성이 덜 확정적이라는 것입니다.

**4 Has it any mountains?**
📖 산은 있나요?

#### 부정대명사/형용사 - any
영어에서는 단수, 복수의 적용이 엄격합니다. any는 셀 수 있는 명사와 함께 쓸 때는 명사가 복수형이 되어야 합니다. If you have any questions, ask your teacher. (무엇인가 질문이 있으면 선생님에게 질문하세요.)라고 해야지 If you have any question, ask your teacher.라고 하면 안 됩니다. 또한 any가 단수 가산명사와 함께 사용되는 경우 any는 많은 것 중 어느 것도 상관없다는 뜻을 나타냅니다. Any color will do. (어떤 색깔도 좋다.)

### 이 단어는 꼭 기억하세요!

**cast a look around** ~의 주위를 둘러보다
**stately**[stéitli] 위엄이 있는, 당당한, 장엄한(격식이 높고 인상적인)
**disappointed**[dìsəpɔ́intid] 실망한, 낙담한(어떤 일이 기대했던 만큼 좋지 않았거나 재미있지 않은)

### Missing words
1. at last
2. cast
3. couldn't tell

"Exactly," the geographer said. "But I am not an 1._____. I haven't a single explorer on my planet. It is not the geographer who goes out to count the towns, the rivers, the mountains, the seas, the oceans, and the deserts. The geographer is much too important to go loafing about. He does not leave his desk. But he receives the explorers in his study. He asks them questions, and he 2._____ _____ what they recall of their travels. And if the recollections of any one among them seem interesting to him, the geographer orders an inquiry into that explorer's moral character."

"Why is that?"

"Because an explorer who told lies would bring disaster on the books of the geographer. So would an explorer who drank too much."

"Why is that?" asked the little prince.

"Because 3._____ men see double. Then the geographer would note down two mountains in a place where there was only one."

"I know some one," said the little prince, "who would make a bad explorer."

"정확해." 지리학자가 말했다. "하지만 난 탐험가가 아니거든. 내 별을 탐험할 사람이 한 명도 없지. 도시와 강과 산, 바다와 대양과 사막을 세러 다니는 건 지리학자가 할 일이 아냐. 지리학자는 아주 중요한 사람이니까 한가로이 돌아다닐 수가 없지. 책상을 떠나지 않고 책상에서 탐험가들을 만나는 거지. 그들에게 여러 가지 질문을 하고 그들의 여행 기억을 기록하는 거야. 탐험가의 기억 중에 흥미로운 게 있으면 지리학자는 탐험가의 도덕적인 면을 조사시키지."

"그건 왜요?"

"탐험가가 거짓말을 하면 지리 책에 큰 재앙이 일어나게 될 테니까. 탐험가가 술을 너무 마셔도 그렇지."

"그건 왜요?" 어린 왕자가 물었다.

"왜냐하면 술에 취한 사람에게는 겹쳐 보이거든. 그렇게 되면 지리학자는 하나밖에 없는 산을 두 개로 기입하게 될 거야."

"내가 그런 사람을 알고 있어요." 어린 왕자가 말했다. "그 사람은 나쁜 탐험가가 될 것 같아요."

### 이 문장은 꼭 기억하세요!

**5** **The geographer is much <u>too</u> important / <u>to go</u> loafing about.**
지리학자는 너무 중요한 사람이다        빈둥거리며 돌아다니다

📖 지리학자는 아주 중요한 사람이니까 한가로이 돌아다닐 수가 없지.

**분사 - 현재분사**

분사는 형용사처럼 보어(주격보어)의 역할을 합니다. 이 형태로 쓰이는 동사가 바로 go -ing입니다. 동사 go와 결합되는 말들은 대부분 관용 표현으로 굳어진 것들로서 '스포츠나 여가 활동'에 관련된 표현이 많습니다. backpacking 배낭여행 camping 캠핑 hiking 하이킹 rowing 보트 경주 running 달리기 sighting-seeing 관광 skating 스케이팅 등. 또한 이 문장은 too ~ to 구문으로 '너무 ~ 해서 ~할 수 없다' 로 해석됩니다.

**6** **An explorer / who told lies / would bring disaster / on the**
탐험가가    거짓말을 했다    재난을 초래할 것이다

**books of the geographer. So <u>would</u> an explorer / who drank**
지리학자의 책에      탐험가가 그럴 것이다    술을 많이 마셨다

**too much.**

📖 탐험가가 거짓말을 하면 지리 책에 큰 재앙이 일어나게 될 테니까. 탐험가가 술을 너무 마셔도 그렇지.

**부사 - so**

so는 반복을 피하기 위해 이미 언급한 어떤 것 대신에 사용하는 부사이며, 이 문장처럼 〈조동사(would) + 주어(an explorer)〉 앞에서 쓰입니다. 이 경우에 어순은 도치 됩니다. 이때 쓰이는 조동사는 앞의 조동사와 동일합니다(would).

### 이 단어는 꼭 기억하세요!

**loaf**[louf] 빈둥거리다(일하고 있어야 할 때 게으르게 시간을 허비하는 것)

**disaster**[dizǽstər] 재난, 참사, 재해(큰 손해나 손상을 입히는 사고 등 갑작스런 사건)

**intoxicated**[intáksikèitid] 술 취한(술을 너무 많이 마심)

**Missing words**

1. explorer
2. notes down
3. intoxicated

"That is possible. Then, when the moral character of the explorer is shown to be good, an 1._____ is ordered into his discovery."

"One goes to see it?"

"No. That would be too complicated. But one requires the explorer to furnish proofs. For example, if the discovery in question is that of a large mountain, one requires that large stones be brought back from it."

The geographer was suddenly 2._____ to excitement.

"But you – you come from far away! You are an explorer! You shall describe your planet to me!"

And, having opened his big register, the geographer sharpened his pencil. The recitals of explorers are put down first in pencil. One waits until the explorer 3._____ _____ proofs, before putting them down in ink.

"Well?" said the geographer expectantly.

---

"그럴 수도 있지. 그래서 탐험가가 도덕적으로 괜찮게 보일 때는 그의 발견에 관해 조사를 하지."

"누가 보러 가나요?"

"아냐. 그건 너무 복잡해. 그 대신 탐험가에게 증거물을 요구하는 거야. 예를 들어, 커다란 산을 발견했을 때는 그곳으로부터 큰 돌을 가져오라고 요구하는 거지."

지리학자가 갑자기 흥분했다.

"그런데, 너는 - 너는 멀리서 왔지! 너는 탐험가야! 너의 별이 어떤지 설명해 다오!"

그리고, 지리학자는 큰 장부를 펴고, 연필을 깎았다. 탐험가들의 이야기는 먼저 연필로 기록해둔다. 그가 증거를 가져오면 잉크로 적는 것이다.

"자, 그럼?" 지리학자가 기대를 품고 말했다.

## 이 문장은 꼭 기억하세요!

**7** **For example, / if the discovery in question is that of a large**
예를 들어      문제의 그 발견이 큰 산의 발견이라면

**mountain, / one requires / that large stones be brought back /**
           사람들은 요구한다    큰 돌을 가져와야 한다

**from it.**
그곳으로부터

📖 예를 들어, 문제의 그 발견이 큰 산이라면, 그곳으로부터 큰 돌을 가져올 것을 요구한다.

### 가정법 - 가정법 현재

주절에 어떤 행동을 '촉구'하는 낱말이 오는 경우 that절에서 미국 영어에서는 동사원형, 영국 영어에서는 should를 쓰는 것이 보통입니다. 동사 require(요구하다)는 '당위성'을 의미하는 경우에만 〈(should) + 동사원형〉을 사용하고 의무나 당위성의 뜻이 없는 경우에는 문맥과 시제에 맞게 동사의 형태를 선택합니다.

**8** **The recitals of explorers are put down first / in pencil.**
탐험가들의 이야기는 먼저 기록해 둔다              연필로

📖 탐험가들의 이야기는 먼저 연필로 기록해 둔다.

### 전치사 - in

전치사 in의 원래 의미는, 예를 들어 X in Y에서 용기인 Y 안에 X가 들어 있는 관계를 나타냅니다. 그런데 우리가 하는 활동을 재료나 도구의 영역으로 분류할 수도 있습니다. 이 문장에서는 쓰는 활동이 '연필로 써야 하는 영역'에서 일어난다는 것을 나타냅니다.

---

### 이 단어는 꼭 기억하세요!

**furnish**[fə́ːrniʃ] 제공하다(특정한 목적에 필요로 한 것을 제공)

**stir**[stəːr] ~의 마음을 휘젓다, ~을 분발하게 하다(남에게 강한 감정을 느끼게 하는 것)

**describe**[diskráib] 묘사하다, 서술·기술하다(사람이나 사물의 모습을 자세하게 말하는 것)

### Missing words

1. inquiry
2. stirred
3. has furnished

Day 11 12 13 14 15 16 17 18 19 20

"Oh, where I live," said the little prince, "it is not very interesting. It is all so small. I have three volcanoes. Two volcanoes are active and the other is extinct. But one never knows."

"One never knows," said the geographer.

"I also have a flower."

"We do not record flowers," said the geographer.

"Why is that? The flower is the most beautiful thing on my planet!"

"We do not record them," said the geographer, "because they are 1._____."

"What does that mean – 'ephemeral'?"

"Geographies," said the geographer, "are the books which, of all books, are most concerned with matters of consequence. They never become 2._____ - _____. It is very rarely that a mountain changes its position. It is very rarely that an ocean empties itself of its waters. We write of 3._____ _____."

"아, 내가 사는 곳은," 어린 왕자가 말했다. "그곳은 별로 흥미로운 게 없어요. 아주 작거든요. 나는 화산을 세 개 가지고 있어요. 두 개는 활화산이고 하나는 사화산이에요. 하지만 어떻게 될지는 아무도 몰라요."

"어떻게 될지 아무도 모르지." 지리학자가 말했다.

"제겐 꽃 한 송이도 있어요."

"우리는 꽃을 기록하지 않아." 지리학자가 말했다.

"왜요? 꽃이 내 별에서 가장 예쁜 건데요!"

"우리는 꽃을 기록하지 않아." 지리학자가 말했다. "꽃은 일시적이니까."

"'일시적인' - 게 뭐예요?"

"지리 책은," 지리학자가 말했다. "모든 책들 가운데 가장 중요한 것이야. 지리책은 유행에 뒤떨어지는 일이 없지. 산이 위치를 바꾸는 일은 거의 없고 바닷물이 말라 버리는 일도 거의 없어. 우리는 영속적인 것들을 기록해."

### 이 문장은 꼭 기억하세요!

**9** **I have three volcanoes. Two volcanoes are active and the other is extinct.**

📖 나는 화산을 세 개 가지고 있어요. 두 개는 활화산이고 하나는 사화산이에요.

#### 부정대명사 - other

언급하고 있는 집단의 나머지를 구성하는 하나 혹은 그 이상의 사람이나 사물을 가리키는 대명사 other는 '나머지 사람[사물]'의 뜻으로 the other는 특정한 것 중에서 '나머지 하나'를 가리킵니다. 그러나 the others는 특정 다수의 경우 '나머지 전부'를 나타냅니다.

**10** **It is very rarely / that an ocean empties itself of its waters.**
매우 드물다           바다가 바닷물을 비우는 것이

📖 바닷물이 말라 버리는 일도 거의 없어.

#### 전치사 - of

전치사 of는, X of Y에서 X와 Y의 관계가 불가분의 관계를 나타내는 것으로 X가 Y의 한 부분을 나타냅니다. 예를 들면 the roof of the house(그 집의 지붕)에서 '집'과 '지붕'의 관계를 생각해 보면 될 것입니다. 즉 Y는 전체이고 X는 Y에서 떼어낼 수 없다고 생각되는 일부분을 가리킵니다. 마찬가지로 어떤 부재(不在) 즉, '제거·박탈'을 나타내는 동사(empty)에도 전치사가 of가 쓰이는 이유입니다.

### 이 단어는 꼭 기억하세요!

**ephemeral**[ifémərəl] 덧없는, 순간간의, 단명한(짧은 기간 동안만 존재하는)

**old-fashioned**[fǽʃənd] 시대에 뒤떨어진, 옛날에 유행한(현대적이지 않거나 더 이상 유행하는 것이라고 생각되지 않는)

**eternal**[itə́ːrnl] 영구한, 무한한(영원히 계속되는 것)

#### Missing words

1. ephemeral
2. old-fashioned
3. eternal things

"But extinct volcanoes may come to life again," the little prince interrupted. "What does that mean – 'ephemeral'?"

"Whether volcanoes are extinct or alive, it comes to the same thing for us," 1._____ _____ _____. "The thing that matters to us is the mountain. It does not change."

"But what does that mean – 'ephemeral'?" repeated the little prince, who never in his life had 2._____ _____ _____ a question, once he had asked it.

"Is my flower in danger of speedy 3._____?"

"It means, 'which is in danger of speedy disappearance.'"

"Is my flower in danger of speedy disappearance?"

"Certainly it is."

"My flower is ephemeral," the little prince said to himself, "and she has only four thorns to defend herself against the world. And I have left her on my planet, all alone!"

---

"하지만 사화산이 다시 활동할 수도 있어요." 어린 왕자가 말을 가로막았다. "'일시적인' - 게 뭐예요?"

"화산이 꺼져 있든 활동하든, 그것은 우리에게 마찬가지야." 지리학자가 말했다. "우리에게 중요한 건 산이야. 산은 변하지 않아."

"그런데 - '일시적인' - 게 뭐예요?" 일단 한 번 물으면, 결코 질문을 포기하지 않은 어린 왕자가 다시 물었다.

"그건, '빠르게 사라져 버릴 위험에 처해 있다'는 의미야."

"내 꽃이 빠르게 사라져 버릴 위험에 처해 있나요?"

"물론이지."

"내 꽃은 일시적이야." 어린 왕자는 혼자 중얼거렸다. "꽃은 세상에 대항할 무기라곤 네 개의 가시밖에 없어. 그리고 나는 그 꽃을 내 별에 홀로 내버려 두고 왔어!"

## 이 문장은 꼭 기억하세요!

**11** **Whether** volcanoes are extinct <u>or</u> alive, it comes to the same thing for us.

📖 화산이 꺼져 있든 활동하든, 그것은 우리에게 마찬가지야.

> **종속접속사 - whether**

이 문장의 종속접속사가 이끄는 부사절은 의미상으로 '양보'를 나타냅니다. 즉, 두 가지 이상의 가능성 사이에서 선택이나 의심을 나타내는 데 쓰이며, '~이든지 아니든지'로 해석합니다.

**12** **She has only four thorns / to defend <u>herself</u> / against the world.**
그녀는 단지 네 개의 가시밖에 없다       자신을 지키다              세상으로부터

📖 꽃은 세상에 대항할 무기라곤 네 개의 가시밖에 없어.

> **재귀동사 - defend**

동사 defend가 재귀대명사를 목적어로 취해 defend oneself against[from] (~으로부터 자신을 지키다)으로 쓰이고 있습니다. 한편 이 문장의 바로 앞에 나오는 say to oneself는 '무엇을 생각하다'는 뜻입니다.

### 이 단어는 꼭 기억하세요!

**matter**[mǽtər] 중요하다, (일어나는 일에) 영향이 있다

**disappearance**[dìsəpí(ə)rəns] 사라짐, 소멸(보거나 찾기가 불가능해짐)

**defend**[difénd] 방어하다, 지키다(사람이나 사물이 공격이나 제지 당하지 않도록 보호하는 것)

**defend**[difénd] **oneself** 스스로를 지키다

### Missing words

1. said the geographer
2. let go of
3. disappearance

**Day**
11
12
13
14
15
16
17
18
19
20

That was his first moment of regret. But he 1._____ _____ once more.

"What place would you advise me to visit now?" he asked.

"The planet Earth," replied the geographer. "It has a good 2._____."

And the little prince went away, thinking of his flower.

그는 처음으로 후회를 했다. 하지만 한 번 더 용기를 냈다.

"제가 어디를 가보는 게 좋을까요?" 그가 물었다.

"지구라는 별." 지리학자가 대답했다. "대단한 명성을 가진 별이거든."

그리하여 어린 왕자는 자기의 꽃을 생각하면서 길을 떠났다.

## 이 문장은 꼭 기억하세요!

**13** And the little prince went away, / thinking of his flower.
그리고 어린 왕자는 떠났다    자기 꽃을 생각하면서

📖 그리하여 어린 왕자는 자기의 꽃을 생각하면서 길을 떠났다.

### 분사구문 – 부대상황

부대상황이란 주절의 동사와 동시동작이나 상태, 또는 연속적인 동작이나 상태가 부가적으로 표현된 구문을 말합니다. 문맥에 따라 '~하면서, ~한 채로' 등으로 자연스럽게 해석합니다. 이 문장은 현재분사(thinking)로 시작되며 '능동'을 나타냅니다. 동일 주어에 의해 두 개의 동작이 동시에 일어나는 경우 이 문장처럼 보통 어느 한 쪽을 현재분사로 할 수 있습니다.

### 이 단어는 꼭 기억하세요!

**advise**[ədváiz] 충고하다(남에게 해야 한다고 여기는 것을 말하는 것) * advise A to do B A에게 충고하여 B하게 하다

**reputation**[rèpjutéiʃən] 명성, 평판 * good reputation 대단한 명성

### Missing words

1. took courage
2. reputation

So then the seventh planet was the Earth.

The Earth is not just an ordinary planet! One can count, there, 1._____ (not forgetting, to be sure, the Negro kings among them), 7,000 geographers, 900,000 businessmen, 7,500,000 tipplers, 311,000,000 conceited men – that is to say, about 2,000,000,000 grown-ups.

To give you an idea of the size of the Earth, I will tell you that before the invention of 2._____ it was necessary to maintain, over the whole of the six continents, a veritable army of 462,511 lamplighters for the street lamps.

그래서 일곱 번째 별은 지구였다.

지구는 그저 평범한 별이 아니었다! 누구나 셀 수 있다. 그곳에는 111명의 왕(물론 흑인 왕을 포함해서)과 7천 명의 지리학자와 90만 명의 사업가, 750만 명의 술꾼, 3억 1천 1백만 명의 허영에 찬 사람들 - 말하자면 약 20억 명의 어른들이 살고 있다.

지구의 크기를 이해시키기 위해, 나는 전기가 발명되기 전까지는 6대륙 전역에 정말로 많은 462,511명의 가로등을 켜는 사람들이 필요했다는 것을 너에게 말할 것이다.

## 이 문장은 꼭 기억하세요!

**1** **It** was necessary / **to maintain** a veritable army of 462,511
필요했다　　　　　　　정말로 많은 462,511명의

**lamplighters for the street lamps.**
가로등을 켜는 사람들을 유지하는 것이

📖 정말로 많은 462,511명의 가로등을 켜는 사람들이 필요했다.

### 대명사 - it

뒤에 나오는 단어, 구, 절을 대표하여 문장의 주어로 쓰이는 대명사 it을 흔히 가주어 it이라고 합니다. 가주어 구문이 존재하는 이유는 글의 맨 앞에 오는 주어가 길면 문장의 균형이 깨어지기 때문입니다. 이 문장의 가주어 it은 부정사 to maintain을 가리킵니다.

### 이 단어는 꼭 기억하세요!

**that is to say** 바꾸어 말하면, 즉, 말하자면 * 의미하는 바를 더욱 자세하게 또는 명확하게 기술하기 위해 쓰는 표현

**a veritable**[vérətəbl] **army**[áːrmi] **of** 정말로 많은 * 형용사 veritable은 강조어이며, 명사 army는 동일 활동에 관련된 사람이나 동물의 대규모 집단인 '떼, 무리'

### Missing words

1. 111 kings
2. electricity

Seen from a slight distance, that would make a splendid spectacle. The movements of this army would be 1._____ like those of the ballet in the opera. First would come the turn of the lamplighters of New Zealand and Australia. Having set their lamps alight, these would go off to sleep. Next the lamplighters of China and Siberia would enter for their steps in the dance, and then they too would be waved back into the wings. After that would come the turn of the lamplighters of Russia and the Indies; then those of Africa and Europe, then those of South America; then those of North America. And never would they make a mistake in the order of their entry upon the stage. It would be magnificent.

Only the man who was 2._____ _____ _____ the single lamp at the North Pole, and his 3._____ who was responsible for the single lamp at the South Pole – only these two would live free from toil and care: they would be busy twice a year.

조금 떨어진 곳에서 보면, 그것은 더할 나위 없는 장관이 될 것이다. 그들이 무리 지어 움직이는 모습은 오페라의 발레처럼 질서정연한 것이었다. 맨 처음은 뉴질랜드와 오스트레일리아의 가로등 켜는 사람들의 차례였다. 가로등을 켜고 이들은 잠을 자러 갈 것이다. 그러고 나면 중국과 시베리아의 점등자들이 발레 무대에 등장했다. 그들 역시 무대 뒤로 살짝 몸을 감추고 나면 러시아와 인도의 가로등 켜는 자들이 나타나는 것이었다. 그 다음에는 아프리카와 유럽의 가로등 켜는 자들. 그 다음에는 남아메리카의 가로등 켜는 사람들. 그리고 그 다음에는 북아메리카의 가로등 켜는 사람들이 차례로 나타났다. 그런데 그들은 무대에 나타나는 순서를 틀리는 법이 없었다. 그것은 무척 장엄한 광경이었다.

오직 북극에 단 하나밖에 없는 가로등을 켜는 사람과 남극에 있는 그의 동료만이 - 한가하고 걱정 없는 생활을 하고 있었다: 그들은 일 년에 두 번 분주했다.

### 이 문장은 꼭 기억하세요!

**2** **Seen** from a slight distance, that would make a splendid spectacle.
   조금 떨어진 곳에서 보면, 그것은 더할 나위 없는 장관이 될 것이다.

**3** **Having** <u>set</u> their lamps alight, these <u>would</u> go off to sleep.
   가로등을 켜고 이들은 잠을 자러 갈 것이다.

**분사구문 – 과거분사 / 완료분사**

분사구문은 〈접속사 + 주어 + 동사〉 형태의 부사절을 접속사와 주어를 생략하고 분사를 이용하여 부사구로 바꾼 것입니다. 3)의 문장은 '완료분사구문' (Having + P.P)으로 주절의 시제보다 앞선 시제를 나타냅니다. Having set their lamps alight의 원래 문장은 After these had set their lamps alight입니다. 분사구문으로 바뀌는 과정은 다음과 같습니다. ① 접속사(After)를 생략하고 ② 주절의 주어와 종속절의 주어가 같기 때문에 주어(these)를 생략하고 ③ 주절의 시제보다 앞선 시제를 나타내기 때문에(불을 켜는게 잠을 자러 가는 것보다 더 먼저임) Having set their lamps alight으로 한 것입니다.

### 이 단어는 꼭 기억하세요!

**splendid**[spléndid] 훌륭한, 멋진, 굉장한, 더할 나위 없는(아주 좋거나 뛰어난 것)

**alight**[əláit] 불타는, 불이 붙은(불붙어 있거나 타고 있는 상태)

**in charge**[tʃɑːrdʒ] **of** ~을 관리[담당]하는, ~을 책임지는

### Missing words

1. regulated
2. in charge of
3. colleague

When one wishes to play to the wit, he sometimes wanders a little from the truth. I have not been altogether honest in what I have told you about the lamplighters. And I realize that I run the risk of giving a false idea of our planet to those who do not know it. Men occupy a very small place upon the Earth. If the 1._____ _____ inhabitants who people its surface were all to stand upright and somewhat crowded together, as they do for some big public assembly, they could easily be put into one public square twenty miles long and twenty miles wide. All humanity could be piled up on a small Pacific islet.

The grown-ups, to be sure, will not believe you when you tell them that. They imagine that they fill 2._____ _____ _____ _____ space. They fancy themselves as important as the baobabs. You should advise them, then, to make their own calculations. They 3._____ figures, and that will please them. But do not waste your time on this extra task. It is unnecessary. You have, I know, confidence in me.

사람이 재치를 부리다 보면, 가끔 진실에서 벗어나기도 한다. 가로등 켜는 사람들에 관한 내 이야기는 아주 정직한 것은 아니다. 나는 지구를 잘 모르는 사람들에게 지구에 대한 잘못된 지식을 가지게 할 위험을 무릅쓴다. 사람들은 지구상에서 매우 작은 공간을 차지한다. 지구에 사는 20억의 사람들이 어떤 모임에서처럼 서로 좀 바짝바짝 붙어 서 있다면 세로 20마일 가로 20마일의 광장으로도 충분할 것이다. 온 인류를 태평양의 작은 섬 위에 쌓아 올릴 수도 있을 것이다.

어른들은, 틀림없이, 네가 이런 말을 하면 믿지 않을 것이다. 그들은 엄청난 공간을 차지한다고 생각하기 때문이다. 그들은 자신들이 바오밥 나무처럼 중요하다고 생각한다. 그러니까 여러분은 그들에게 계산을 해 보라고 충고해야 한다. 그들은 숫자를 좋아하니까, 그리고 그것은 그들은 흡족하게 할 것이다. 하지만 그러한 여분의 임무(계산)를 수행하는 데 시간을 낭비하지 말라. 그것은 불필요한 것이다. 내가 알다시피, 당신은 나를 신뢰한다.

### 4. I run the risk of / giving a false idea of our planet / to those
나는 위험을 무릅쓴다    우리 별에 대한 틀린 지식을 전해주는         그것을

### who do not know it.
모르는 사람들에게

📖 나는 지구를 잘 모르는 사람들에게 지구에 대한 잘못된 지식을 가지게 할 위험을 무릅쓴다.

**동사 - give**

제4문형(S + V + IO + DO)에 사용되는 동사를 '수여동사'라고 합니다. 글의 균형상 또는 어조(語調) 관계상 직접목적어가 먼저 나오고 간접목적어가 뒤에 오기도 합니다. 이때 간접목적어 앞에 전치사 to나 for를 붙이는데 동사 give는 간접목적어 앞에 to가 옵니다.

### 5. All humanity could be piled up / on a small Pacific islet.
온 인류를 쌓아 올릴 수도 있다       태평양의 작은 섬 하나에

📖 온 인류를 태평양의 작은 섬 위에 쌓아 올릴 수도 있을 것이다.

**전치사 - on**

전치사 on(표면 위, 표면에 접한)은 X on Y에서 X가 Y의 위에 닿아 있는 관계입니다. X가 Y의 위에 닿아 있지 않고, Y의 옆이나 밑에 닿아 있을 때도 on을 사용합니다. There is a fly on the ceiling.(천장에 파리 한 마리가 있다.) '섬(island)' 앞에는 전치사 on이 쓰입니다.

---

**이 단어는 꼭 기억하세요!**

**play wit**[plei wit] 기지를 보이다

**humanity**[hju:mǽnəti] 인류, 인간(하나의 집단으로 볼 수 있는 세계 중의 모든 사람들)

**have confidence**[kánfədəns] **in** ~을 신뢰하다

**Missing words**

1. two billion
2. a great deal of
3. adore

When the little prince arrived on the Earth, he was very much surprised not to see any people. He was beginning to be afraid he had come to the wrong planet, when a 1._____ _____ _____, the color of the moonlight, flashed across the sand.

"Good evening," said the little prince 2._____.

"Good evening," said the snake.

"What planet is this on which I have come down?" asked the little prince.

"This is the Earth; this is Africa," the snake answered.

"Ah! Then there are no people on the Earth?"

"This is the desert. There are no people in the desert. The Earth is large," said the snake.

The little prince sat down on a stone, and raised his eyes toward the sky.

---

어린 왕자가 지구에 도착했을 때, 그는 사람들이 보이지 않아서 무척 놀랐다. 그가 엉뚱한 별에 찾아온 게 아닌가, 두려워지기 시작할 무렵 달빛을 닮은 금색 밧줄 같은 것이 모래를 가로질러 번뜩였다.

"안녕." 어린 왕자가 공손하게 말했다.

"안녕." 뱀이 말했다.

"내가 도착한 여기는 무슨 별이지?" 어린 왕자가 물었다.

"이곳은 지구야. 여긴 아프리카지." 뱀이 대답했다.

"아! 그럼 지구에는 사람이 없니?"

"여긴 사막이야. 사막에는 사람이 없어. 지구는 커다랗거든." 뱀이 말했다.

어린 왕자는 돌 위에 앉아 눈을 들어 하늘을 보았다.

## 이 문장은 꼭 기억하세요!

**6** **When the little prince arrived on the Earth, / he was very**
어린 왕자가 지구에 도착했을 때                              그는 무척

**much surprised / not to see any people.**
놀랐다                  사람들이 보이지 않아서

📖 어린 왕자가 지구에 도착했을 때, 그는 사람들이 보이지 않아서 무척 놀랐다.

### 부정사 - 부정

준동사(부정사, 분사, 동명사)의 부정어는 항상 준동사 앞에 둡니다. 그 이유는 한 단어로 된 수식어는 수식받는 말(피수식어) 앞에 오고, 구나 절로 된 수식어는 피수식어 뒤에 오기 때문입니다. 간단하지요? 무엇이든 원리를 알면 이렇게 쉽습니다.

**7** **The little prince sat down / on a stone, / and raised his eyes /**
어린왕자는 앉았다                    돌 위에              그리고 눈을 들었다

**toward the sky.**
하늘을 향해

📖 어린 왕자는 돌 위에 앉아 눈을 들어 하늘을 보았다.

### 명사 - 물질명사와 보통명사

물질명사란 물질이나 재료의 이름을 나타내며, 부정관사를 수반할 수 없을 뿐만 아니라 복수형으로도 나타낼 수 없습니다. 명사 stone은 땅 속에 굳은 광물질로서의 '돌, 바위'를 말하며 셀 수 없는 명사입니다. 그러나 물질명사가 보통 명사화되면 부정관사를 수반할 수 있고, 복수형이 가능합니다.

## 이 단어는 꼭 기억하세요!

**afraid**[əfréid] ~이 아닐까 걱정하는(어떤 일에 대한 걱정)

**courteously**[kə́ːrtiəsli] 공손하게, 예절바르게(정중하고 존경을 표하는)

### Missing words

1. coil of gold
2. courteously

"I wonder," he said, "whether the stars are 1.____ ____ in heaven so that one day each one of us may find his own again... Look at my planet. It is right there above us. But how 2.____ ____ it is!"

"It is beautiful," the snaked said. "What has brought you here?"

"I have been having some trouble with a flower," said the little prince.

"Ah!" said the snake.

And they were both silent.

"Where are the men?" the little prince at last took up the conversation again. "It is a little lonely in the desert..."

"It is also lonely among men," the snake said.

The little prince 3.____ ____ him for a long time.

"나는 궁금해." 그는 말했다. 언젠가 누구든 자신의 별을 다시 찾아낼 수 있게 하늘에 별들이 환히 있는지……. 내 별을 바라봐. 바로 우리 위에 있어. 그런데 어쩌면 저렇게 멀리 있지!"

"아름답구나." 뱀이 말했다. "왜 이곳에 왔니?"

"난 꽃하고 약간의 문제가 있어." 어린 왕자가 말했다.

"아!" 뱀이 대답했다.

그리고 그들은 서로 말이 없었다.

"사람들은 어디에 있지?" 어린 왕자가 마침내 대화를 재개했다. "사막은 조금 외롭구나……."

"사람들 사이에서도 외로운 거야." 뱀이 말했다.

어린 왕자는 한동안 그를 응시했다.

### 이 문장은 꼭 기억하세요!

**8** **one day / each one of us / may find his own again.**
　　언젠가　　　우리들 중 각자가　　　우리 자신의 별을 다시 찾을지도 모른다

📖 언젠가 누구든 자신의 별을 다시 찾을지도 모른다.

#### 재귀대명사의 소유격 - own

'자기 자신의'의 뜻으로 재귀대명사의 소유격에 해당하는 own은 소유를 나타내는 낱말 다음에만 올 수 있으며 명사 없이 단독으로도 사용될 수 있습니다. This house is her own.(이 집은 그녀 자신의 집이다.)

**9** **What has brought you here?**

📖 왜 이곳에 왔니?

#### 명사 - 무생물 주어

영어에서는 명사나 명사 구실을 할 수 있는 말이 모두 주어가 될 수 있습니다. 한국어는 이런 무생물 주어를 회피하는 경향이 있으나, 영어는 무생물 주어를 많이 사용합니다. 이 문장을 한국어에 가깝게 옮겨보면 Why have you come here?정도가 됩니다.

### 이 단어는 꼭 기억하세요!

**take up** 어떤 것을 하기 시작하다
**lonely**[lóunli] 쓸쓸한, 고독하고 적적한(다른 사람들과 같이 있지 않아서 불행한 것으로)
**gaze**[geiz] **at** ~을 뚫어지게 바라보다, 응시하다(오랜 시간 빤히 바라보는 것)

### Missing words

1. set alight
2. far away
3. gazed at

"You are a funny animal," he said at last. "You are no thicker than a finger..."

"But I am more powerful than the finger of a king," said the snake.

The little prince smiled.

"You are not very powerful. You haven't 1._____ _____ _____. You cannot even travel..."

"I can carry you farther than any ship could take you," 2._____ _____ _____.

He twined himself around the little prince's 3._____, like a golden 4._____.

"Whomever I touch, I send back to the earth from whence he came," the snake spoke again. "But you are innocent and true, and you come from a star..."

The little prince made no reply.

---

"넌 아주 재미있는 동물이구나." 마침내 그가 말했다. 너는 손가락 굵기 정도밖에 되지 않아……."

"그래도 난 왕의 손가락보다 더 힘이 세단다." 뱀이 말했다.

어린 왕자는 웃었다.

"넌 별로 힘이 세지 않아. 너는 심지어 발도 없으니. 너는 여행조차 할 수 없잖아……."

"난 그 어떤 배가 데려다 주는 곳보다 더 먼 곳까지 너를 데리고 갈 수 있어." 뱀이 말했다.

그는 어린 왕자의 발목을 금팔찌처럼 휘감고 말했다.

"누구든 내가 건드리면 그가 나왔던 땅으로 돌려 보내 주지." 뱀이 다시 말했다. "하지만 너는 순진하고 진실되고, 그리고 별에서 왔으니까……."

어린 왕자는 아무 대답도 하지 않았다.

### 이 문장은 꼭 기억하세요!

**1. You are no thicker / than a finger.**
너는 영(zero) 정도밖에 두껍지 않다 손가락보다
📖 너는 손가락 굵기 정도밖에 되지 않는다.

**비교급 – 비교 표현**

⟨no + 비교급 + than⟩에서 "no"는 단어 부정입니다. 즉 'no = zero = 0' 즉 I am no taller than you.(나는 너보다 키가 0센티미터 더 크다, 즉 나는 너와 키가 똑같다.)라는 뜻이 됩니다.

**2. I can carry you farther than any ship could take you.**
📖 난 그 어떤 배가 데려다 주는 곳보다 더 먼 곳까지 너를 데리고 갈 수 있어.

**비교급 – 주의해야 할 비교 표현**

⟨비교급 + than + any + 단수명사(A)⟩의 구문으로 '어떤 (A)보다~의'라는 의미입니다. 여기서는 '뱀'과 '배(ship)'를 비교하고 있습니다. 단수 명사 앞에 형용사 other가 없는 경우에는 어떤 특정의 것을 다른 부류에 속하는 것과 비교하는 경우입니다.

### 이 단어는 꼭 기억하세요!

**twine**[twain] 꼬다, ~을 (휘)감다(어떤 것을 비틀거나 또는 감아 트는 것)

**whence**[hwens] (~한) 곳에서 * 장소를 나타냄

**innocent**[ínəsənt] 순진한, 천진난만한(인생의 나쁜 면에 대해 아무것도 모르는)

### Missing words

1. even any feet
2. said the snake
3. ankle
4. bracelet

"You move me to pity – you are so weak on this Earth made of granite," the snake said. "I can help you, some day, if you grow too 1._____ for your own planet. I can – "

"Oh! I understand you very well," said the little prince. "But why do you always speak in riddles?"

"I 2._____ them all," said the snake.

And they were both silent.

"너는 나에게 연민을 느끼게 하는구나 - 너는 화강암으로 된 지구에서 무척 연약해." 뱀이 말했다. "만약 언젠가 네 별이 몹시 그리워지면 내가 너를 도와줄 수 있어. 내가 -"

"오! 무슨 말인지 알겠어." 어린 왕자가 말했다. "그런데 너는 왜 항상 수수께끼 같은 말만 하니?"

"난 그것들을 전부 풀어." 뱀이 말했다.

그리고 둘은 침묵을 지켰다.

> 이 문장은 꼭 기억하세요!

**3** I can help you, / some day, / if you grow too homesick for your
나는 너를 도울 수 있어    언젠가       만약 내가 네 별이 몹시 그리워지면
**own planet.**

📖 만약 언젠가 네 별이 몹시 그리워지면 내가 너를 도와줄 수 있어.

### 동사 - get

⟨S + V + C⟩에 사용되는 동사를 연결동사(Linking verbs)라고도 합니다. 특정한 상태나 상황에 이르는 '~으로 되다'의 뜻으로 '과정'을 중시하는 경우 get을 사용하며 특히 형용사 homesick은 관용적으로 연결동사 get과 함께 사용합니다. 이 문장에서 쓰인 some day는 한 단어(someday)가 아니고 두 단어(some day)로 one day와 마찬가지로 미래의 불확실한 시간을 나타내는 '언젠가'라는 뜻입니다.

### 이 단어는 꼭 기억하세요!

**granite**[grǽnit] 화강암, 쑥돌(단단한 회색의 바위)
**speak in riddles**[rídlz] 수수께끼 같은 말을 하다

### Missing words

1. homesick
2. solve

The little prince crossed the desert and met with only one flower. It was a flower with three petals, a flower of no account at all.

"Good morning,: said the little prince.

"Good morning," said the flower.

"Where are the men?" the little prince asked, politely.

The flower had once seen a 1._____ passing.

"Men?" she echoed. "I think there are six or seven of them in 2._____. I saw them, several years ago. But no one knows where to find them. The wind blows them away. They have no roots, and that makes their life very difficult."

"Goodbye," said the little prince.

"Goodbye," said the flower.

어린 왕자는 사막을 횡단했고, 꽃 한 송이밖에 만나지 못했다. 세 장의 꽃잎을 가진 아주 볼품없는 꽃이었다.

"안녕." 어린 왕자가 말했다.

"안녕." 꽃이 말했다.

"사람들은 어디에 있어요?" 어린 왕자가 정중하게 물었다.

그 꽃은 언젠가 대상(隊商)이 지나가는 것을 본 적이 있었다.

"사람들이요?" 꽃이 메아리처럼 따라 했다. "제가 생각하기에는 한 예닐곱 사람 있는 것 같아요. 나는 몇 해 전에 그들을 본 적이 있어요. 그러나 그들을 어디에서 찾을 수 있는지는 아무도 몰라요. 바람이 그들을 날려 보내 버렸거든요. 그들은 뿌리가 없고, 그리고 그것 때문에 그들의 삶은 무척 힘들어요."

"잘 있어요." 어린 왕자가 말했다.

"안녕." 꽃이 말했다.

### 이 문장은 꼭 기억하세요!

**4** **No one knows / where to find them.**
아무도 알지 못한다   그들을 어디에서 찾아야 할지

📖 그들을 어디에서 찾을 수 있는지는 아무도 몰라요.

#### 부정사 - 명사적 용법

이 문장에서 쓰인 where to find 는 의문사의 뜻을 보다 명확하게 나타내기 위해, 의문사(의문대명사, 의문형용사, 의문부사)와 to부정사가 결합된 형태입니다. 〈의문사 + to부정사〉는 부정사의 명사적 용법으로 '어떻게(how), 누구(who), 무엇(what), 언제(when), 어디에(where) ~해야 할지' 등의 뜻으로 명사구를 이룹니다.

**5** **They have no roots, and that makes their life very difficult.**

📖 그들은 뿌리가 없고, 그리고 그것 때문에 그들의 삶은 무척 힘들다.

#### 지시대명사 - that

대명사란 말 그대로 '명사를 대신하여 사용하는 말'입니다. 그러나 앞에 나온 단어나, 구, 절 또는 전후 관계로 보아 무엇인지 확실히 알 수 있는 것을 가리키는 경우 지시대명사 that이 사용됩니다. 이 문장에서 지시대명사 that은 have no roots를 가리킵니다.

### 이 단어는 꼭 기억하세요!

**of no account** [əkáunt] 중요하지 않은(= of no consequence)

**caravan** [kǽrəvæ̀n] 대상(隊商; 사막 등을 가로질러 여행하는 사람과 동물들의 집단)

### Missing words

1. caravan
2. existence

# 20 Day

After that, the little prince climbed a high mountain. The only mountains he had ever known were the three volcanoes, which came up to his knees. And he used the 1._____ volcano as a footstool. "From a mountain as high as this one," he said to himself, "I shall be able to see the whole planet 2._____ _____ _____ , and all the people…"

But he saw nothing, save peaks of rock that were sharpened like needles.

"Good morning," he said courteously.

"Good morning – Good morning – Good morning," answered the echo.

"Who are you?" said the little prince.

---

그 이후, 어린 왕자는 한 높은 산에 올라갔다. 그가 지금까지 알았던 유일한 산은 그의 무릎 높이 밖에 안 되는 세 개의 화산이었다. 사화산은 발판으로 이용하곤 했었다. "이 산처럼 높은 산에서는," 그는 혼자 말을 했다. "나는 이 별 전체와 모든 사람들을 한 눈에 볼 수 있을 거야……."

그러나 그는 바늘처럼 뾰족한 바위 봉우리만 보았다.

"안녕." 그가 정중하게 말했다.

"안녕 - 안녕 - 안녕 -" 메아리가 대답했다.

"너는 누구니?" 어린 왕자가 말했다.

### 이 문장은 꼭 기억하세요!

**1** **He saw nothing, / save peaks of rock / that were sharpened**
그는 아무 곳도 보지 못했다   바위 봉우리 외에는        바늘처럼 뾰족한
**like needles.**
📖 그는 바늘처럼 뾰족한 바위 봉우리만 보았다.

#### 수일치 – 관계사절
이 문장에서 관계사절의 선행사는 rock이 아니라 peaks이므로 관계사절의 동사는 선행사에 수 일치하여 be동사가 were가 되었습니다.

### 이 단어는 꼭 기억하세요!

**footstool**[fútstùːl] 발판, 발 얹는 대(앉아 있을때 발을 받치는 데 쓰는 낮은 가구)

**at one glance**[glæns] 한눈에, 첫눈에

**save**[seiv] ~을 제외하고

**peak**[piːk] 산꼭대기, 봉우리(산의 뾰족한 정상 또는 뾰족한 정상이 있는 산)

### Missing words
1. extinct
2. at one glance

"Who are you – Who are you – Who are you?" answered the echo.

"Be my friends. I am all alone," he said.

"I am all alone – all alone – all alone," answered the echo.

"What a queer planet!" 1._____ _____. "It is altogether dry, and altogether pointed, and altogether harsh and 2._____. And the people have no 3._____. They repeat whatever one says to them... On my planet I had a flower; she always was the first to speak..."

---

"너는 누구니 - 너는 누구니 - 너는 누구니. -" 메아리가 대답했다.

"내 친구가 되어 줘. 나는 외로워." 그가 말했다.

"나는 외로워 - 나는 외로워 - 나는 외로워," 메아리가 대답했다.

"참 이상한 별이군!" 그는 생각했다. "별은 완전히 메마르고 뾰족뾰족하고 거칠고 험해. 그리고 사람들은 상상력이 없어. 사람들은 다른 사람이 한 말을 되풀이 해……. 나의 별에는 꽃 한 송이가 있었지. 그 꽃은 언제나 먼저 말을 걸어줬는데……."

**이 문장은 꼭 기억하세요!**

### 2. Be my friends.
📖 내 친구가 되어 줘.

**문장의 종류 - 명령문**

보통 글머리의 You를 생략하고 동사로 시작하여 명령과 의뢰·원망 등을 나타내는 문장을 명령문(Imperative Sentences)이라 합니다. 다음 문장을 익히면 실생활에서 유용하게 사용할 수 있습니다. Go for it.(한 번 시도해 봐.) Look who's talking!(사돈 남 말하네!) Speak of the devil.(호랑이도 제 말하면 오는군.)

### 3. What a queer planet!
📖 참 이상한 별이군!

**문장의 종류 - 감탄문**

놀람, 즐거움, 희망, 감탄 등의 강한 감정을 나타내는 글을 감탄문(Exclamatory Sentences)이라고 합니다. 감탄문은 what이나 how로 시작되고, 평서문과 마찬가지로 〈S + V〉의 어순을 취하는데 〈S + V〉은 생략되는 경우가 많습니다. 이 문장에서는 (it is)가 생략되어 있습니다.

### 4. They repeat / whatever one says to them.
그들은 따라한다    자기들이 들은 말을 무엇이든

📖 사람들은 다른 사람이 한 말을 되풀이 해.

**복합관계대명사 - whatever**

관계대명사 what에 -ever가 붙은 것을 복합관계대명사라고 합니다. 선행사를 그 자신 속에 갖고 있으며 명사절을 이끌며 그 뜻은 '~하는 것은 무엇이라도'입니다. 이 문장에서는 동사 repeat와 전치사 to의 목적어로 사용되었습니다.

---

**이 단어는 꼭 기억하세요!**

**alone**[əlóun] 홀로, 단독으로(남과 떨어져 있는 것으로)

**pointed**[pɔ́intid] 끝이 뾰족한

**forbidding**[fərbídiŋ] 무서워 보이는, 위험해 보이는

**Missing words**
1. he thought
2. forbidding
3. imagination

But it happened that after walking 1._____ _____ _____ _____ through sand, and rocks, and snow, the little prince at last came upon a road. And all roads lead to the abodes of men.

"Good morning," he said.

He was standing before a garden, all 2._____ - _____ with roses.

"Good morning," said the roses.

The little prince gazed at them. They all looked like his flower.

"Who are you?" he demanded, 3._____.

"We are roses," the roses said.

And he was overcome with sadness. His flower had told him that she was the only one of her kind in all the universe. And here were five thousand of them, all alike, in one single garden!

---

그러나 모래와 바위와 눈을 지나서 오랫동안 걷고 난 후에 어린 왕자는 마침내 길을 하나 발견했다. 그리고 모든 길은 사람들의 거주지로 통한다.

"안녕." 그가 말했다.

그는 장미가 만발한 정원 앞에 서 있었다.

"안녕." 장미꽃들이 말했다.

어린 왕자는 그들을 바라보았다. 그들은 모두 그의 꽃과 똑같이 생긴 것들이었다.

"너희들은 누구니?" 깜짝 놀란 어린 왕자가 그들에게 물었다.

"우리는 장미꽃이야." 장미꽃들이 말했다.

그리고 어린 왕자는 슬픔에 압도당하고 말았다. 그의 꽃은, 전 우주에 자기와 같은 꽃은 없다고 그에게 말했었던 것이다. 그리고 여기 정원 하나에만 그와 똑같은 꽃이 5천 송이나 되는 게 아닌가!

## 5. They all looked like / his flower.
그것들은 ~처럼 보였다     그의 꽃

📖 그들은 모두 그의 꽃과 똑같이 생긴 것들이었다.

### 동사 - look

영어에서 She looks happy.로 대표되는 문장 유형은 '그녀가 행복해 보인다.' 또는 '그녀는 행복하게 보인다.'에서 우리말의 해석이 부사로 해석되어 She looks happily.로 한국인에게 혼돈을 일으키게 되어 틀리게 글을 쓰거나 말을 합니다. 이 문장에서 '행복하게'는 '보인다'를 수식하는 구조가 아니라, 그녀가 행복한 것입니다. 전체 문장의 의미는 그녀가 행복하고, 그렇게 보인다는 것입니다.

### 이 단어는 꼭 기억하세요!

**abode**[əbóud] 주거, 거처, 집(사람이 살고 있는 곳)

**thunderstruck**[θʌ́ndərstrʌ̀k] 매우 놀라거나 충격을 받은, 깜짝 놀란

**overcome**[òuvərkʌ́m] 감정을 통제할 수 없게 되다, 압도되다 〈보통 수동태로 사용하여 어떤 것에서 몹시 강하게 영향을 받고 있다는 의미로 사용됨〉

### Missing words

1. for a long time
2. a-bloom
3. thunderstruck

"She would be very much annoyed," he said to himself, "if she should see that... she would cough most 1._____, and she would pretend that she was dying, to avoid being laughed at. And I should 2._____ _____ _____ pretend that

I was nursing her back to life – for if I did not do that, to humble myself also, she would really allow herself to die..."

Then he went on with his reflections: "I thought that I was rich, with a flower that was 3._____ in all the world; and all I had was a common rose. A common rose, and three volcanoes that come up to my knees – and one of them perhaps extinct forever... that doesn't make me a very great prince..."

And he lay down in the grass and cried.

---

"내 꽃이 이걸 보면 몹시 상심할 거야." 어린 왕자는 속으로 중얼거렸다, "만약 꽃이 그것을 본다면……. 꽃은 기침을 심하게 할 것이고, 비웃음을 당하지 않으려고 죽는 시늉을 할 거야. 그럼 난 간호해 주는 척하지 않을 수 없겠지 - 만약 내가 그렇게 하지 않는다면, 나 자신도 부끄럽게 만들려고, 그녀는 정말로 죽어 버릴지도 몰라……."

그리고 그는 생각을 계속했다: "이 세상에 오직 하나뿐인 꽃을 가졌으니 내가 부자인 줄 알았는데. 내가 가진 모든 것은 그저 평범한 한 송이 장미였어. 평범한 장미, 그리고 내 무릎까지 오는 세 개의 화산 - 그중 하나는 영원히 꺼져 버렸는지도 모르는…… 그것은 나를 아주 위대한 왕자를 만들 수 없어……."

그래서 그는 잔디밭에 누워서 울었다.

### 이 문장은 꼭 기억하세요!

**6** **She would pretend / that she was dying, / to avoid being**
그녀는 ~척할 것이다　　　죽어 가고 있었다　　　비웃음당하는 것을 피하려고
**laughed at.**
📖 꽃은 비웃음을 당하지 않으려고 죽는 시늉을 할 거야.

#### 동명사 - 동명사의 태
동명사에는 능동태(-ing)와 수동태(being + 과거분사)가 있습니다. 이 문장에서 동사 avoid는 동명사를 목적어로 취하는 동사이기 때문에 동명사 being이 목적어이고 수동의 의미이기 때문에 being laughed at이 되었습니다.

**7** **He lay down / in the grass / and cried.**
그는 누웠다　　풀밭에　　　그리고 울었다
📖 그는 잔디밭에 누워서 울었다.

#### 동사 - lie
동사 lie는 '평평한 또는 수평의 자세로 서 있지도 앉아 있지도 않은 상태'인 '눕다'는 뜻입니다. 동사 lie는 불규칙 동사로 과거형은 lay, 과거분사형은 lain, 현재분사형은 lying입니다.

---

### 이 단어는 꼭 기억하세요!

**dreadfully**[drédfəli] 무섭게, 무시무시하게, 지겹게
**humble**[hʌ́mbl] **oneself** 자신을[스스로를] 낮추다
**reflection**[riflékʃən] 어떤 사물에 대해 깊이 생각함, 심사숙고(숙고한 결과로 얻은 의견이나 생각 등을 말함)

### Missing words
1. dreadfully
2. be obliged to
3. unique

# ★ Vocabulary Check A ★

|  |  | | |
|---|------|---|---|
| 1 | absurd | | ✓ |
| 2 | profession | | ☐ |
| 3 | stride | | ☐ |
| 4 | disappointed | | ☐ |
| 5 | disaster | | ☐ |
| 6 | eternal | | ☐ |
| 7 | splendid | | ☐ |
| 8 | lonely | | ☐ |
| 9 | innocent | | ☐ |
| 10 | granite | | ☐ |
| 11 | caravan | | ☐ |
| 12 | peak | | ☐ |
| 13 | pointed | | ☐ |
| 14 | abode | | ☐ |
| 15 | refection | | ☐ |

# ★ Vocabulary Check B ★

| 1 | 명령, 지시 | | ✓ |
|---|---|---|---|
| 2 | 충실한, 성실한 | | ☐ |
| 3 | 웃기는, 어처구니없는 | | ☐ |
| 4 | 숨을 헐떡이다 | | ☐ |
| 5 | 빈둥거리다 | | ☐ |
| 6 | ~의 마음을 휘젓다, ~을 분발하게 하다 | | ☐ |
| 7 | 사라짐, 소멸 | | ☐ |
| 8 | 정말로 많은 | | ☐ |
| 9 | ~을 관리[담당]하는, ~을 책임지는 | | ☐ |
| 10 | ~을 뚫어지게 바라보다, 응시하다 | | ☐ |
| 11 | 중요하지 않은 | | ☐ |
| 12 | 한눈에, 첫눈에 | | ☐ |
| 13 | 무서워 보이는, 위험해 보이는 | | ☐ |
| 14 | 감정을 통제할 수 없게 되다, (~에, ~으로) 압도되다 | | ☐ |
| 15 | 무섭게, 무시무시하게, 지겹게 | | ☐ |

  **Day** **21**

It was then that the fox appeared.

"Good morning," said the fox.

"Good morning," the little prince responded politely, although when he 1._____ _____ he saw nothing.

"I am right here," the voice said, "under the apple tree."

"Who are you?" asked the little prince, and added, "You are very pretty to look at."

"I am a fox," said the fox.

"Come and play with me," proposed the little prince. "I am so unhappy."

"I cannot 2._____ _____ you," the fox said. "I am not tamed."

---

여우가 나타난 것은 바로 그때였다.

"안녕." 여우가 말했다.

"안녕." 어린 왕자는 점잖게 대답하고, 주위를 돌아봤으나 아무것도 보이지 않았다.

"난 바로 여기 있어," 그 목소리가 말했다. "사과나무 밑에."

"너는 누구지?" 어린 왕자가 말했다. 그리고 덧붙여 말했다. "넌 참 예쁘구나."

"난 여우야." 여우가 말했다.

"이리 와서 함께 놀자." 어린 왕자가 제의했다. "난 아주 우울하단다."

"난 너와 함께 놀 수 없어." 여우가 말했다. "나는 길들져 있지 않으니까."

### 이 문장은 꼭 기억하세요!

**1** "Good morning," the little prince **responded** politely.

📖 "안녕." 어린 왕자는 점잖게 대답했다.

#### 동사 - respond

'어떤 일에 대한 대답이나 반응으로 어떤 것을 말하다'라는 '대답하다'의 뜻으로 쓰이는 respond는 동사 answer나 reply보다 격식을 차리는 상황에서 적절한 단어입니다.

**2** I am **so** unhappy.

📖 나는 아주 우울하단다.

#### 부사 - so

부사 so는 형용사나 부사로 묘사되고 있는 상황이 어떤 특정한 결과를 낳을 때, 그것을 강조하는 데 쓰여 '대단히, 지극히'의 뜻으로 사용됩니다. so는 이른바 '강조어'이며 강한 개인적인 감정을 표현할 때 사용합니다. 부사 very는 새로운 정보를 제공하는 데 비하여, 부사 so는 이미 알고 있는 정보를 언급합니다. You're very late.(너는 너무 늦었다.) I'm sorry I'm so late.(너무 늦어서 죄송합니다.)

### 이 단어는 꼭 기억하세요!

**turn**[tə:rn] **around** 돌아보다

**propose**[prəpóuz] ~을 제안하다(가능한 계획 또는 행위로서 어떤 일을 정식으로 제안하는 것)

**tame**[teim] ~을 길들이다(야생의 어떤 사물을 지배 하에 두는 것)

### Missing words

1. turned around
2. play with

"Ah! Please excuse me," said the little prince.

But, after some thought, he added:

"What does that mean – 'tame'?"

"You do not live here," said the fox. "What is it that you are looking for?"

"I am looking for men," said the little prince. "What does that mean – 'tame'?"

"Men," said the fox. "They have guns, and they hunt. It is very 1._____. They also raise chickens. These are their only interests. Are you looking for chickens?"

"No," said the little prince. "I am looking for friends. What does that mean – 'tame'?"

"It is an act too often 2._____," said the fox. "It means to 3._____ _____."

---

"아! 미안해." 어린 왕자가 말했다.

그런데, 잠깐 생각해 본 후에, 그는 말을 덧붙였다:

"'길들인다' - 는 게 뭐지?"

"너는 여기 살지 않는구나." 여우가 물었다. "너는 무엇을 찾고 있니?"

"난 사람들을 찾고 있어." 어린 왕자가 말했다. "'길들인다' - 는 게 뭐지?"

"사람들은," 여우가 말했다. "그들은 총을 가지고 있고 사냥을 하지. 그건 참 곤란한 일이야. 그들은 역시 닭도 길러. 그것이 그들의 유일한 관심사야. 너는 닭을 찾니?"

"아니." 어린 왕자가 말했다. "나는 친구를 찾고 있어. '길들인다' - 는 게 뭐야?"

"그건 너무 쉽게 무시되는 행위야." 여우가 말했다. "그건 관계를 맺는다는 뜻이야."

## 3. What is it that you are looking for?
📖 너는 무엇을 찾고 있니?

**대명사 - it**

이 문장은 이른바 It ~ that 강조 구문으로 강조할 수 있는 요소는 목적어, 부사(구, 절)입니다. 이 문장에서는 의문사 what이 강조되었습니다. It ~ that 강조 구문에서 의문사를 강조하는 경우 의문사가 글머리에 위치하며 의문사의 강조 구문에서는 it이 생략되기도 하며, 구어체에서는 that이 종종 생략됩니다. What's that you've got on your hand?(네 손에 가지고 있는 것이 뭐냐?)

### 이 단어는 꼭 기억하세요!

**raise**[reiz] ~을 사육하다(특정한 목적을 위해 동물을 기르는 것)

**establish ties**[istǽbliʃ taiz] 관계를 맺다

### Missing words

1. disturbing
2. neglected
3. establish ties

"To establish ties?"

"Just that," said the fox. "To me, you are still nothing more than a little boy who is just like a hundred thousand other little boys. And I have 1._____ _____ _____ you. And you, on your part, have no need of me. To you, I am nothing more than a fox like a hundred thousand other foxes. But if you tame me, then we shall need each other. To me, you will be unique in all the world. To you, I shall be unique in all the world..."

"I am beginning to understand," said the little prince. "There is a flower... I think that she has tamed me..."

"It is possible," said the fox. "On the Earth one sees 2._____ _____ _____ things."

"Oh, but this is not on the Earth!" said the little prince.

The fox seemed 3._____, and very curious.

"On another planet?"

"Yes."

"관계를 맺는다고?"

"바로 그래." 여우가 말했다. "나에겐 너는 아직 수많은 다른 소년들과 다를 바 없는 어떤 소년에 지나지 않아. 그래서 난 너를 필요로 하지 않아. 너의 입장에서 보면, 너도 나를 필요로 하지 않아. 난 너에게 수많은 다른 여우와 똑같은 한 마리 여우에 지나지 않아. 하지만 만약 네가 나를 길들인다면, 우리는 서로를 필요하게 될 거야. 나에게 너는 세상에서 유일한 존재가 되고, 너에게 나는 세상에서 유일한 존재가 되는 거야……."

"이해하기 시작했어." 어린 왕자가 말했다. "꽃 한 송이가 있는데……. 그 꽃이 나를 길들인 것 같아……."

"그럴지도 모르지." 여우가 말했다. "지구에는 온갖 종류의 것들을 보니깐."

"아, 하지만 이것은 지구에서가 아니야!" 어린 왕자가 말했다.

여우는 당황스럽고, 몹시 궁금한 것처럼 보였다.

"다른 별에서?"

"그래."

### 이 문장은 꼭 기억하세요!

**4. We shall need each other.**

📖 우리는 서로를 필요하게 될 거야.

**상호대명사 - each other**

상호대명사란 '서로'란 뜻을 갖는 each other, one another를 말합니다. 흔히 each other는 '둘'을 가리키고 one another는 '셋 또는 그 이상'을 가리키는 것으로 설명하고 있으나 현재는 이러한 구별이 없이 쓰입니다. 단지 이들 사이에 차이가 있다면 each other가 구어체 영어에서 one another보다 더 자주 쓰인다는 것 뿐입니다.

**5. Oh, but this is not on the Earth!**

📖 아, 하지만 이것은 지구에서가 아니야!

**명사 - 고유명사**

우리가 살고 있는 행성인 '지구'를 the Earth처럼 대문자로 쓴 것은 그것을 '하나의 고유한 존재', 다시 말해서 고유명사로 보기 때문입니다. 고유명사는 언제나 대문자로 시작됩니다. 보통명사가 고유명사로 쓰이는 경우도 많지만, 이때에도 I will ask Father.(아버님께 물어보겠다.)에서처럼 대문자로 시작합니다.

### 이 단어는 꼭 기억하세요!

**have no need of** ~에 대한 욕구가 없다

**perplex** [pərpléks] 당황하게 하다(문제가 이해하기 어렵기 때문에 혼란스럽고 걱정하게 하는 것)

### Missing words

1. no need of
2. all sorts of
3. perplexed

# Day 22

"Are there hunters on this planet?"

"No."

"Ah, that is interesting! Are there chickens?"

"No."

"Nothing is perfect," 1._____ the fox.

But the fox came back to his idea.

"My life is very 2._____," the fox said. "I hunt chickens; men hunt me. All the chickens are just alike, and all the men are just alike. And, in consequence, I am a little bored. But if you tame me, it will be as if the sun came to shine on my life. I shall know the sound of a step that will be different from all the others. Other steps send me hurrying back 3._____ the ground. Yours will call me, like music, out of my burrow. And then look: you see the grain – fields down yonder? I do not eat bread. 4._____ is of no use to me. The wheat fields have nothing to say to me. And that is sad.

---

"그 별엔 사냥꾼들이 있니?"

"아니."

"아, 그거 재미있군! 그럼 닭은?"

"없어."

"완벽한 곳은 없군." 여우는 한숨을 쉬었다.

하지만 여우는 자기 생각으로 돌아갔다.

"내 생활은 단조롭단다." 여우가 말했다. 나는 닭을 사냥해. 사람들은 나를 사냥하지. 닭들은 모두 똑같고 사람들도 모두 똑같아. 그래서 나는 싫증이 나. 하지만 네가 나를 길들인다면, 내 삶은 햇빛으로 충만하게 될 거야. 다른 모든 발소리와 너의 발소리를 나는 구별하게 되겠지. 다른 발소리들은 나를 땅 밑으로 기어들어가게 하겠지. 너의 발소리는, 음악처럼, 동굴 밖으로 나를 불러낼 거야. 그리고 저길 봐: 저기 아래에 있는 밀밭이 보이지? 난 빵을 먹지 않아.

밀은 내겐 아무 소용이 없는 거야. 밀밭은 나에게 아무것도 말하지 않아. 그건 슬픈 일이지.

**1** **Are there hunters on this planet?**
📖 이 별엔 사냥꾼들이 있니?

> 부사 - there

there는 어떤 사물이나 사람의 존재를 말하기 위해 사용하는 '기능어' 또는 '거기에'라는 '지시 부사'로도 사용됩니다. 지시 부사 there는 [ðeə(r)]로 발음되고, 기능어 there는 [ðə(r)]로 발음됩니다.

**2** **But if you tame me, / it will be as if the sun came to shine on my life.**
그러나 만약 네가 나를 길들이면    그것은 태양이 나의 삶을 비춘 것이 될 것이다

📖 그러나 만약 네가 나를 길들인다면, 나의 삶은 햇빛으로 충만하게 될 것이다.

> 가정법 - as if 구문

어떤 사람이나 사물이 어떻게 보이는지를 말하기 위해 쓰이는 표현으로 '마치 ~인 것처럼'의 뜻을 as if[though]를 써서 나타냅니다. 특히 그 내용이 사실이 아닐 때에는 동사를 가정법 과거(또는 과거완료)를 쓰는 것이 보통입니다.

---

### 이 단어는 꼭 기억하세요!

**sigh**[sai] 한숨 쉬다(격한 감정을 표현하기 위해 큰 소리로 천천히 숨을 쉬는 것)

**monotonous**[mənátənəs] 단조로운(변화가 없어서 지루함)

**burrow**[bə́:rou] 굴(토끼나 여우 등 동물이 만든 지하 통로)

**yonder**[jándər] 저쪽에(= over there)

### Missing words

1. sighed
2. monotonous
3. underneath
4. wheat

But you have hair that is the color of gold. Think how wonderful that will be when you have tamed me! The 1._____, which is also golden, will bring me back the thought of you. And I shall love to listen to the wind in the wheat..."

The fox gazed at the little prince, for a long time.

"Please – tame me!" he said.

"I want to, very much," the little prince replied. "But I have not much time. I have friends to discover, and a great many things to understand."

---

그런데 너는 금빛 머리칼을 가졌어. 네가 나를 길들인다면 얼마나 근사할지 생각해 봐! 밀도 역시 금빛이니까, 그걸 보면 네가 생각날 거야. 그리고 나는 밀밭의 바람 소리를 사랑하게 될 거야……."

여우는 오랫동안 어린 왕자를 응시했다.

"부탁이야 - 나를 길들여 줘!" 그가 말했다.

"나도 무척이나 그러고 싶어." 어린 왕자는 대답했다. "하지만 내겐 시간이 많지 않아. 친구들을 찾아야 하고, 알아야 할 일도 많아."

**3** **Think / how wonderful that will be / when you have tamed me!**
생각해라    그것이 얼마나 멋질 것인가    네가 나를 길들일 때

📖 네가 나를 길들일 때 그것이 얼마나 멋질 것인가를 생각해라!

### 동사의 시제 - 현재완료

부사절(시간)에서 현재완료가 미래완료를 대신하기도 합니다. 특히 '시간'을 나타내는 부사절(when ~할 때)에서 그러합니다. 즉 상황이 발생하는 시점에 초점을 맞춘다면 현재 시제가 쓰이고, 미래에 이미 상황이 완료되었다는 것에 초점을 맞추고자 한다면 현재완료가 쓰입니다. 이 문장에서는 when이 이끄는 부사절이 미래의 일을 말하고 있기 때문에 현재완료가 미래완료를 대신하고 있습니다.

### 이 단어는 꼭 기억하세요!

**of no use** 소용없는

**grain**[grein] (식량으로 사용되는 밀, 쌀 등의) 곡물, 곡류

### Missing words

1. grain

"One only understands the things that one tames," said the fox. "Men have no more time to understand anything. They buy things all ready made at the shops. But there is no shop anywhere where one can buy friendship, and so men have no friends any more. If you want a friend, tame me..."

"What must I do, to tame you?" asked the little prince.

"You must be very 1._____," replied the fox. "First you will sit down at a little distance from me – like that – in the grass. I shall look at you out of the 2._____ of my eye, and you will say nothing. Words are the source of misunderstandings. But you will sit a little closer to me, every day..."

The next day the little prince came back.

"It would have been better to come back at the same hour," said the fox. "If, for example, you come at four o'clock in the afternoon, then at three o'clock I shall begin to be happy. I shall feel happier and happier as the hour advances."

"사람은 오로지 자기가 길들이는 것만을 알 수 있어." 여우가 말했다. "사람들은 더 이상 어떤 것도 이해할 시간이 없어. 그들은 상점에서 이미 만들어진 것들을 사거든. 그런데 사람이 우정을 살 수 있는 상점은 어디에도 없어. 그래서 사람들은 더 이상 친구가 없는 거지. 친구를 갖고 싶다면 나를 길들여 줘……."

"내가 너를 길들이려면 어떻게 해야 하지?" 어린 왕자가 물었다.

"너는 무척 참을성이 있어야 해." 여우가 대답했다. "우선, 내게서 좀 떨어져서 앉아야 해 - 그렇게 - 잔디에. 난 너를 흘깃 쳐다볼 거야. 넌 아무 말도 하지 마. 말은 오해의 근원이지. 하지만 너는 날마다 넌 조금씩 내게 더 가까이 앉을 수 있을 거야……."

다음날 어린 왕자가 다시 찾아왔다.

"만약 같은 시간에 돌아온다면 더 좋을 거야." 여우가 말했다. "예를 들면 네가 오후 네 시에 온다면 난 세 시부터 행복해지기 시작할 거야. 시간이 지날수록 난 점점 더 행복해지겠지."

## 이 문장은 꼭 기억하세요!

**4** **It would have been better / to come back at the same hour.**
더 좋았을 것이다             같은 시간에 돌아온다면

📖 만약 같은 시간에 돌아온다면 더 좋았을 것이다.

### 가정법 - to부정사구

의미상 if절과 같은 역할을 하는 어구가 여러 가지가 있는데 이 문장에서 쓰인 to부정사가 그렇습니다. to부정사가 가정법의 if절과 같은 역할을 합니다. 이 문장은 It would have been better if you had come(= to come) back at the same hour.의 가정법의 if절을 to부정사로 나타낸 것입니다.

### 이 단어는 꼭 기억하세요!

**patient**[péiʃənt] 인내심[참을성]이 있는(화를 내거나 초조해 하거나 안달하지 않고 오랫동안 조용히 기다리거나 어려움에 대처할 수 있는)

**misunderstanding**[mìsʌndərstǽndiŋ] 오해, 잘못 생각함

### Missing words

1. patient
2. corner

At four o'clock, I shall already be worrying and jumping about. I shall show you how happy I am! But if you come at just any time, I shall never know at what hour my heart is to be ready to greet you... One must observe the 1._____ _____..."

"What is a rite?" asked the little prince.

"Those also are actions too often neglected," said the fox. "They are what make one day different from other days, one hour from other hours. There is a rite, for example, among my hunters. Every Thursday they dance with the village girls. So Thursday is a wonderful day for me! I can take a walk as far as the 2._____. But if the hunters danced at just any time, every day would be like every other day, and I should never have any vacation at all."

So the little prince tamed the fox. And when the hour of his 3._____ drew near –

"Ah," said the fox, "I shall cry."

---

네 시에는, 나는 들떠서 안절부절 못할 거야. 너는 내가 얼마나 행복한지 보게 될 거야! 하지만 네가 아무 때나 온다면 내 마음이 몇 시에 너를 맞이할 준비를 해야 할지 모르잖아……. 누구나 적절한 의식(儀式)을 지켜야 해……."

"의식이 뭐야?" 어린 왕자가 물었다.

"그것들은 역시 너무나 자주 무시되는 행동들이야." 여우가 말했다. "그건 어떤 하루를 다른 날들과 다르게 만들고, 어떤 시간을 다른 시간과 다르게 만드는 거지. 예를 들면, 사냥꾼들에게도 의식이 있어. 목요일이면 그들은 마을 처녀들과 춤을 추지. 그래서 목요일은 나에게 신나는 날이지! 난 포도밭까지 산보를 갈 수 있어. 만일 사냥꾼들이 아무 때나 춤을 추면, 모든 날이 똑같아져 버리잖아, 그럼 나에겐 휴일을 전혀 갖지 못할 거야."

그래서 어린 왕자는 여우를 길들였다. 그리고 떠날 시간이 다가왔다 –

"아," 여우가 말했다. "난 울고 말거야."

**5** **At four o'clock, I shall already be worrying and jumping about.**
📖 네 시에는, 나는 들떠서 안절부절 못할 거야.

### 동사의 시제 – 미래진행

영어 원어민들은 앞으로 있을 상황을 설명할 때 미래진행형을 자주 사용하는데, 미래진행형은 〈will[shall] + be + -ing〉형태를 취합니다. 미래진행형은 가까운 미래의 동작이나 예정 또는 미래의 어떤 시점에서의 진행 중이거나 계속된 동작을 나타냅니다.

**6** **They are what make one day different from other days, one hour from other hours.**
📖 그것들 때문에 어떤 날이 다른 날들과 다르고, 어떤 시간이 다른 시간들과 다르다.

### 특수 구문 – 생략

생략은 여러 가지가 있지만 어구의 중복을 피하기 위한 생략이 가장 흔합니다. 물론 언어의 경제성을 위해 생략합니다. 이 문장에서는 one hour (different) from other hours가 생략되었습니다.

### 이 단어는 꼭 기억하세요!

**observe**[əbzə́:rv] 준수하다(법률이나 종교적 규율 등을 지키는 것)
**rite**[rait] (종교) 의식(흔히 종교적 목적으로, 항상 같은 방식으로 거행되는 의례)
**vineyard**[vínjərd] 포도밭
**draw near**[drɔ: niər] 다가오다, 접근하다(시간 또는 공간적으로 더 가까이 움직이는 것)

### Missing words

1. proper rites
2. vineyards
3. departure

# Day 23

"It is your own 1._____," said the little prince. "I never wished you any sort of harm; but you wanted me to tame you…"

"Yes, that is so," said the fox.

"But now you are going to cry!" said the little prince.

"Yes, that is so," said the fox.

"Then it has done you no good at all!"

"It has done me good," said the fox, "because of the color of the wheat fields." And then he added:

"Go and look again 2._____ _____ _____. You will understand now that yours is unique in all the world. Then come back to say goodbye to me, and I will make you a present of a secret."

---

"그건 네 잘못이야." 어린 왕자가 말했다. "나는 너를 아프게 하고 싶지 않았어. 하지만 넌 내가 길들여주길 원했잖아……."

"그래, 그렇지." 여우가 말했다.

"하지만, 넌 울고 말겠지!" 어린 왕자가 말했다.

"응, 그렇겠지." 여우가 말했다.

"그러면 넌 이로울 게 아무것도 없잖아!"

"나에게 이로운 게 있어." 여우가 말했다. "밀밭의 색깔 때문에 말이야." 잠시 후 그가 다시 말을 덧붙였다.

"장미들에게 다시 가서 봐. 너는 네 장미꽃이 세상에 오직 하나뿐이라는 걸 알게 될 거야. 그리고 내게 돌아와서 작별 인사를 해 줘. 그러면 내가 네게 한 가지 비밀을 선물할게."

**1** **I never wished you any sort of harm.**

📖 나는 너를 아프게 하고 싶지 않았어.

### 동사 - wish

'나는 당신의 성공을 빕니다.'를 동사 wish로 써야 하는 경우 I wish your success. 라고 쓸 수 없습니다. 왜냐하면 동사 wish가 제3형식(S + V + O)으로 쓰는 경우 to 부정사와 that절을 목적어로 취하기 때문입니다. 그리하여 '~을 위해 -을 빌다, ~에게 -을 바라다'를 동사 wish로 쓰는 경우 제 4형식(S + V + IO + DO)로 해서 I wish you every success.(나는 당신의 성공을 빕니다.)라고 합니다.

### 이 단어는 꼭 기억하세요!

**harm**[hɑːrm] 손해, 손상, (위)해(사람의 행동이나 사건에 의해 초래됨)

**present**[prézənt] 선물(특별한 때에 남에게 주는 것)

### Missing words

1. fault
2. at the roses

The little prince went away, to look again at the roses.

"You are not at all like my rose," he said. "As yet you are nothing. No one has tamed you, and you have tamed no one. You are like my fox when I first knew him. He was only a fox like a hundred thousand other foxes. But I have made him my friend, and now he is unique in all the world."

And the roses were very much 1._____.

"You are beautiful, but you are empty," he went on. "One could not die for you. 2._____ _____ _____, an ordinary passerby would think that my rose looked just like you – the rose that belongs to me. But in herself alone she is more important than all the hundreds of you other roses: because it is she that I have watered; because it is she that I have put under the glass globe; because it is she that I have 3._____ behind the screen; because it is for her that I have killed the caterpillars (except the two or three that we saved to become butterflies); because it is she that I have listened to, when she 4._____, or boasted, or even sometimes when she said nothing. Because she is my rose."

어린 왕자는 장미들을 다시 보기 위해서 갔다.

"너희들은 내 장미와 전혀 닮지 않았어." 그가 말했다. "너희들은 아직 중요한 존재가 아니야. 아무도 너희들을 길들이지 않았고 너희는 아무도 길들이지 않았어. 너희는 예전 내가 처음 봤을 때의 여우와 같아. 그는 수많은 다른 여우들과 같은 여우일 뿐이었어. 하지만 내가 그를 친구로 만들었기 때문에 그는 이제 이 세상에 오직 하나뿐인 여우야."

그러자 장미들은 무척 당황해 했다.

"너희들은 아름답지만 공허할 거야." 그는 계속 말했다. "누군가 너희들을 위해 죽을 수 없을 테니까. 확신하건대 평범한 행인에게 내 꽃은 너희와 똑같이 - 보이겠지. 하지만 본래 혼자인 그 꽃이 내겐 너희 모두보다도 더 소중해. 왜냐하면 내가 꽃에게 물을 주었기 때문이야. 왜냐하면 내가 유리 덮개를 씌워 주었기 때문이야. 바람막이로 바람을 막아 보호해 주기도 했어. 내가 벌레를 잡아 준 것(나비가 되라고 두세 마리 남겨 둔 것은 빼고)도 그 꽃을 위해서지. 그녀가 불평을 하거나 뽐내거나, 때로는 침묵을 지키는 것을 내가 귀 기울여 들어준 것도 그녀이기 때문이지. 왜냐하면 그녀는 내 장미니까."

### 이 문장은 꼭 기억하세요!

**2** **No one has tamed you, and you have tamed no one.**
📖 아무도 너희들을 길들이지 않았고 너희는 아무도 길들이지 않았어.

**동사의 시제 - 현재완료**

문법 공부를 시작하는 사람에게 특히 '현재완료'가 어렵게 생각되는 이유 중의 하나는 우리말에는 없는 시제이기 때문입니다. 영어 학자들의 연구에 의하면 현재 쓰이고 있는 모든 영어 표현 중에서 대략 10% 정도가 현재완료라고 합니다.

1) 현재완료는 비록 과거에 일어난 일이지만 그 발생 시기가 중요한 것이 아니고 현재에 더 중점을 둔 내용을 전달할 때 씁니다. How many times have you been in love? (몇 번이나 사랑에 빠지셨나요?)

2) 새로운 정보를 전하는 신문, 방송 보도, 그리고 일상 대화에서는 현재완료 시제를 사용하고 구체적인 시간이 언급된 경우에는 단순 과거 문장을 씁니다. When did you get married? (언제 결혼하셨나요?)

**3** **In herself alone / she is more important / than all the**
본래 혼자인     그녀는 보다 중요하다     너희들
**hundreds of you other roses.**
다른 장미들 수백 송이보다
📖 본래 혼자인 그 꽃이 (내겐) 너희 모두보다도 더 소중해.

**재귀대명사 - in itself**

재귀대명사는 전치사의 목적어가 되어 관용 표현을 만듭니다. 이 문장에서의 in itself는 '다른 것과 독립하여, 그 본질에 있어서, 그 자체는'이라는 뜻으로 재귀대명사의 소유격인 own을 이용하면 on her own으로 나타낼 수 있습니다.

### 이 단어는 꼭 기억하세요!

**as yet** 아직까지, 지금까지로 봐선
**embarrassed** [imbǽrəst] 난처한, 당황한, 쩔쩔매는(바보짓을 했다든가 남들이 보고 있다는 등의 이유로 부끄러워하는)
**except** [iksépt] ~을 제외하고, 이외에는(어떤 사람이나 사물은 포함하지 않음)

### Missing words

1. embarrassed
2. To be sure
3. sheltered
4. grumbled

Day 21 22 23 24 25 26 27 28 29 30

And he went back to meet the fox.

"Goodbye," he said.

"Goodbye," said the fox. "And now here is my secret, a very simple secret: It is only with the heart that one can see rightly; what is 1._____ is 2._____ to the eye."

"What is essential is invisible to the eye," the little prince repeated, so that he would be sure to remember.

"It is the time you have wasted for your rose that makes your rose so important."

"It is the time I have wasted for my rose – " said the little prince, so that he would be sure to remember.

"Men have forgotten this truth," said the fox. "But you must not forget it. You become responsible, forever, for what you have tamed. You are responsible for your rose…"

"I am responsible for my rose," the little prince repeated, so that he would be sure to remember.

---

그리고 그는 여우를 보기 위해서 돌아갔다.

"안녕." 그가 말했다.

"안녕." 여우가 말했다. "그리고 자, 이게 내 비밀이야, 아주 단순한. 마음으로 봐야만 잘 볼 수 있다는 거야. 정말 중요한 것은 눈에 보이지 않는단다."

"중요한 것은 눈에 보이지 않는다." 어린 왕자는 확실하게 기억을 하기 위해서 반복했다.

"너의 장미를 그토록 중요하게 만든 건 너의 장미를 위해 네가 소비한 그 시간이란다."

"내가 내 장미를 위해 소비한 시간이다 -" 어린 왕자는 확실하게 기억을 하기 위해서 말했다.

"사람들은 이 진리를 잊어버렸어." 여우가 말했다. "하지만 너는 이것을 잊지 말아야 해. 너는 네가 길들인 것에 대해 영원히 책임이 있어. 너는 네 장미에 대해 책임이 있어……."

"나는 장미에게 책임이 있어." 어린 왕자는 확실하게 기억을 하기 위해서 반복했다.

**4** **What is essential is invisible to the eye.**
📖 중요한 것은 눈에 보이지 않는다.

### 효과적인 글쓰기 - 유어(類語) 반복
유어(類語) 반복 또는 말이 많음(redundancy)이란 어떤 생각을 나타내기 위해 너무 많은 말을 쓰는 것을 가리킵니다. 예를 들어, combine together '함께' 결합하다, audible to the ear '귀에' 들리는, visible to the eye '눈에' 보이는 따위를 말합니다.

**5** **You become responsible, forever, for what you have tamed.**
📖 너는 네가 길들인 것에 대해 영원히 책임이 있다.

### 동사의 종류 - be와 become
become은 '~ 상태'가 될 때까지의 과정이나 시간이 무시되고 결과를 중시하며, 영속적인 상태의 변화를 암시합니다. 예를 들어 '그녀는 조종사가 되고 싶어 한다.'는 She wants to become a pilot.라고 하며, '그녀의 꿈은 조종사가 되는 것이다.'는 Her dream is to be a pilot.이 자연스럽습니다. 왜냐하면 become a pilot은 조종사가 되는 과정을 나타내지 않고 다만 조종사가 된 결과에만 초점이 맞춰지기 때문입니다.

### 이 단어는 꼭 기억하세요!
**essential**[isénʃəl] 불가결한, 필수적인(절대로 필요한 것 또는 하지 않으면 안되는)
**waste**[weist] ~을 낭비하다 cf. spend (특정한 활동을 하는데) ~을 쓰다
**responsible**[rispάnsəbl] 책임이 있는, (어떤 사람이나 사물에 대하여) 책임을 져야 할

### Missing words
1. essential
2. invisible

  **24** Day

"Good morning," said the little prince.

"Good morning," said the railway 1._____.

"What do you do here?" the little prince asked.

"I sort out travelers, in 2._____ _____ a thousand," said the switchman. "I send off the trains that carry them; now to the right, now to the left."

And a 3._____ lighted express train shook the switchman's cabin as it rushed by with a roar like thunder.

"They are in a great hurry," said the little prince. "What are they looking for?"

"Not even the 4._____ engineer knows that," said the switchman.

"안녕하세요." 어린 왕자가 말했다.

"안녕." 철도 전철수(轉轍手, 철도에서 차량을 다른 선로로 옮기는 장치를 조작하는 사람)가 말했다.

"여기서 무슨 일을 하고 있어?" 어린 왕자가 물었다.

"나는 승객을 천 명씩 분류한단다." 전철수가 말했다. "승객을 싣고 가는 기차들을 보내는 거야. 이번엔 오른쪽으로, 어느 때는 왼쪽으로."

그리고 불을 환하게 밝힌 급행열차가 천둥처럼 소리를 내고 전철수의 조종실을 흔들며 질주했다.

"저 사람들은 몹시 서두르는군." 어린 왕자가 물었다. "그들은 뭘 찾고 있지?"

"그건 기관사도 몰라." 전철수가 말했다.

### 이 문장은 꼭 기억하세요!

**1** I sort out travelers, in bundles of a thousand.
   📖 나는 승객을 천 명씩 분류한다.

   **전치사 - in**
   이 문장에서 전치사 in은 '반복'의 의미를 나타낸다고 볼 수 있습니다. 즉 in bundles of a thousand 는 '1,000이라는 묶음'이 반복됨을 전치사 in이 나타냅니다.

**2** Not even the locomotive engineer knows that.
   📖 기관사조차도 그것을 모른다.

   **부사 - even**
   어떤 일이 놀랍거나 예상치 않은 것임을 강조하는 부사 even은 '심지어, ~조차(도)'라는 의미이며 부정문(否定文)에서는 최소한의 것마저도 발생하지 않았다는 것을 뜻합니다. 다시 말해서 우리가 기대할 수 있는 가장 작은 일 및 이와 유사한 개념을 갖는 일마저도 발생하지 않는다는 것을 의미합니다.

### 이 단어는 꼭 기억하세요!

**sort out**[sɔːrt aut] 분류하다(혼란스럽거나 복잡하거나 순서가 잘못되어 있는 것을 정리하는 것)
**send off**[send ɔːf] 보내다(남을 어디로 가게 함)
**roar**[rɔːr] 울부짖음, 고함, 굉음(끊임없이 깊고 아주 큰 소리)
**locomotive**[lòukəmóutiv] 기관차(= a train engine)

### Missing words
1. switchman
2. bundles of
3. brilliantly
4. locomotive

And a second brilliantly lighted express thundered by, in the 1._____ _____.

"Are they coming back already?" demanded the little prince.

"These are not the same ones," said the switchman. "It is an exchange."

"Were they not satisfied where they were?" asked the little prince.

"No one is ever satisfied where he is," said the switchman.

And they heard the 2._____ _____ of a third brilliantly lighted express.

"Are they 3._____ the first travelers?" demanded the little prince.

"They are pursuing nothing at all," said the switchman. "They are asleep in there, or if they are not asleep they are yawning. Only the children are flattening their noses against the windowpanes."

---

그리고 불을 환하게 밝힌 두 번째 급행열차가 반대 방향에서 천둥소리를 냈다.

"그들이 벌써 돌아오는 거야?" 어린 왕자가 물었다.

"아까 그 사람들이 아니야. 서로 엇갈리는 거지."

"그들은 있던 곳에서 만족하지 않았어?" 어린 왕자가 물었다.

"사람은 자기가 있는 곳에서 만족하지 않는단다." 전철수가 말했다.

그리고 그들은 세 번째의 불을 환하게 밝힌 급행열차가 으르렁거리는 소리를 들었다.

"저 사람들은 첫 번째 승객들을 쫓아가고 있는 거야?" 어린 왕자가 물었다.

"그들은 쫓아가는 게 전혀 아냐." 전철수가 말했다. "그들은 저기에서 잠을 자거나 아니면 하품을 하고 있어. 오직 어린 아이들만이 유리창에 코를 납작대고 밖을 보고 있어."

### 3. No one is **ever** satisfied where he is.
📖 사람은 자기가 있는 곳에서 만족하지 않는다.

**부사 - ever**

부사 ever는 의문문이나 부정문에서 뭔가를 비교할 때, 어느 때나(at any time)를 의미합니다. 특히 부정적 진술에서는 never (일찍이 ~한 적이 없다) 대신에 사용됩니다. No one ever told me.(아무도 나에게 말해 준 일이 없다.)

---

**이 단어는 꼭 기억하세요!**

**express**[iksprés] **(train)** 급행 열차(많은 장소에 정차하지 않고 빠르게 운행되는 기차)

**pursue**[pərsúː] ~을 추적하다, 쫓다(사람이나 사물을 잡으려고 뒤쫓거나 따라가는 것)

**flatten**[flǽtn] 평평하게 하다, 납작하게 하다

**windowpane**[wíndoupèin] 창유리(창에 끼워져 있는 한 장의 유리)

**Missing words**
1. opposite direction
2. roaring thunder
3. pursuing

"Only the children know what they are looking for," said the little prince. "They waste their time over a 1._____ _____ and it becomes very important to them; and if anybody takes it away from them, they cry..."

"They are lucky," the switchman said.

---

"오로지 어린 아이들만이 자기들이 무엇을 찾고 있는지를 알고 있어." 어린 왕자가 말했다. "그들은 봉제 인형을 가지고 시간을 보내지. 그것은 그들에겐 아주 중요하거든. 그래서 누가 그것을 빼앗아 가면, 아이들은 울지…….."

"아이들은 행복하구나." 전철수가 말했다.

### 4. Only the children know **what they are looking** for.
오로지 어린 아이들만이 자기들이 무엇을 찾고 있는지를 알고 있다.

#### 문장의 종류 - 간접의문문

간접의문문은 의문문이 다른 문장 속에 포함된 것을 말합니다. 즉, 하나의 문장이나 또 다른 의문문 안에 포함되어 있는 의문문을 말합니다. 이 문장에서처럼 의문문이 일반동사(know)의 목적절이 될 때에는 평서문의 어순을 취해 〈의문사(what) + 주어(they) + 동사(are looking)〉가 됩니다.

#### 이 단어는 꼭 기억하세요!

**rag doll** [ræg dɑl] 봉제 인형(헝겊으로 만든 부드러운 인형)

**take A away from B** A를 B에게서 빼앗다

#### Missing words

1. rag doll

"Good morning," said the little prince.

"Good morning," said the 1._____.

This was a merchant who sold pills that had been invented to 2._____ _____. You need only swallow one pill a week, and you would feel no need of anything to drink.

"Why are you selling those?" asked the little prince.

"Because they save a 3._____ amount of time," said the merchant. "Computations have been made by experts. With these pills, you save fifty-three minutes in every week."

"And what do I do with those fifty-three minutes?"

"Anything you like…"

"As for me," said the little prince to himself, "If I had fifty-three minutes to spend as I liked, I should walk at 4._____ _____ toward a spring of fresh water."

"안녕." 어린 왕자가 말했다.

"안녕." 장사꾼이 말했다.

이 사람은 갈증을 없애 주는 새로 나온 알약을 파는 상인이었다. 당신은 일주일에 한 알을 삼키기만 하면 되고, 아무것도 마시고 싶은 욕구를 느끼지 않을 것이다.

"왜 이것들을 팔아?" 어린 왕자가 물었다.

"이게 시간을 엄청나게 절약시켜 주거든." 장사꾼이 말했다. 전문가들이 계산해 봤어. 이 약을 먹으면, 너는 매주 53분씩 벌게 되는 거야."

"그 53분으로 뭘 하지?"

"네가 하고 싶은 건 어떤 것이든지……."

"내 경우에는," 어린 왕자는 혼자 말을 했다. "만일 나에게 내 마음대로 사용할 53분이 있다면, 나는 신선한 물이 담긴 샘을 향해 천천히 걸어갈 거야."

### 이 문장은 꼭 기억하세요!

**5** **This was a merchant / who sold pills / that had been invented**
　이 사람은 상인이었다　　　　알약을 팔았다　　　갈증을 풀기 위해 발명되었다
**to quench thirst.**

📖 이 사람은 갈증을 없애주는 새로 나온 알약을 파는 상인이었다.

#### 태 - 수동태

능동태(active voice)는 〈타동사 + 목적어〉의 형식으로 나타내며, 수동태(passive voice)는 능동태의 목적어를 주어로 삼고 〈be + 과거분사〉의 형식을 취합니다. 수동태는 영어에서 많이 쓰입니다. 이것은 사물을 주체로 하여 말하는 어법이 발달되어 있기 때문입니다. 이 문장에서는 발생 원인이 누구인지 또는 무엇이냐 보다는 어느 것이 더 중요한가에 초점을 맞추고자 하기 때문에 수동태 문장을 썼습니다. 즉 동작 주체보다는 행위 자체(invented)에 더 관심이 많은 문장입니다.

**6** **You need only swallow one pill / a week.**
　너는 알약 한 개만 삼키면 된다.　　　　일주일에

📖 당신은 일주일에 약 한 알을 삼키기만 하면 된다.

#### 관사 - 부정관사 a/an

부정관사 a(n)는 '~에 대해, ~당(當)'의 뜻을 나타냅니다. 특히 비율·가격·속도 등을 나타내는 배분(配分)적 용법으로 쓰여 per 또는 each의 뜻을 나타냅니다. 부정관사는 once(한 번), twice(두 번), three times(세 번) 등을 사용하여 어떤 상황이 발생하는 빈도를 나타내는 경우에도 적용됩니다.

---

#### 이 단어는 꼭 기억하세요!

**merchant**[mə́ːrtʃənt] 상인(많은 양의 재화를 사고파는 사람)
**quench thirst**[kwentʃ θəːrst] 갈증을 풀다
**tremendous**[triméndəs] 무서운, 엄청난(양·크기·힘 등이 매우 큰)
**computation**[kàmpjutéiʃən] 계산 *make a computation 계산하다

#### Missing words

1. merchant
2. quench thirst
3. tremendous
4. my leisure

  **25** Day

It was now the eighth day since I had had my accident in the desert, and I had listened to the story of the merchant as I was drinking the last drop of my water supply.

"Ah," I said to the little prince, "these 1._____ _____ yours are very charming; but I have not yet 2._____ _____ repairing my plane; I have nothing more to drink; and I, too, should be very happy if I could walk at my leisure toward a spring of fresh water!"

"My friend the fox – " the little prince said to me.

"My dear little man, this is no longer a matter that has anything to do with the fox!"

"Why not?"

"Because I am about to 3._____ _____ _____…"

He did not follow my reasoning, and he answered me:

내가 사막에서 사고가 났었던 바로 8일째 되는 날이었고, 나는 비축해 두었던 물의 마지막 남은 한 방울을 마시며 장사꾼에 관한 이야기를 들었다.

"아," 나는 어린 왕자에게 말했다. "너의 경험담은 참 아름다워. 하지만 난 아직 비행기를 고치지 못했어. 나는 더 마실 것도 없고. 그리고 만약 신선한 물이 솟아나는 샘을 향해 천천히 걸어갈 수 있다면 나는 무척 기쁠 거야!"

"내 친구 여우는 -" 어린 왕자는 나에게 말했다.

"꼬마 친구, 이제 더 이상 여우 이야기나 할 때가 아냐!"

"왜?"

"나는 목이 말라 죽을 것 같아……."

그는 내 말을 알아듣지 못하고, 이렇게 대답했다:

> 이 문장은 꼭 기억하세요!

**1** **It was now the eighth day / since I had had my accident in the**
8일째 되는 날이었다                    내가 사막에서 사고를 당했다
**desert.**

📖 내가 사막에서 사고가 났던 바로 8일째 되는 날이었다.

### 동사의 시제 - 현재완료

접속사 since가 이끄는 절은 보통 과거이지만, 이 문장처럼 완료형인 경우도 있습니다. 어느 경우이든 의미상의 차이는 거의 없지만 말하는 사람이 주로 어느 부분을 생각하는지 짐작할 수 있습니다. 이 문장은 '흘러간 기간을 생각'하고 있기 때문에 접속사 since가 이끄는 절을 완료 시제로 썼습니다.

**2** **I, too, should be very happy / if I could walk at my leisure /**
나는 역시 무척 기쁠 것이다                만약 내가 한가하게 걸어갈 수 있으면
**toward a spring of fresh water!**
신선한 물이 솟아 나는 샘을 향해

📖 만약 신선한 물이 솟아나는 샘을 향해 천천히 걸어갈 수 있다면 나는 무척 기쁠 거야!

### 조동사 - should

조동사 should(틀림없이 아마 ~일 것이다)는 자신의 진술 내용이 사실인지 아닌지 알지 못하면서 자신이 알고 있는 상황을 토대로 진술 내용이 사실일 것이라고 잠정적으로 결론을 내리는 것입니다. should는 It is likely or probably that(~일것같다) 또는 It seems reasonable to conclude that(~라고 결론을 내리는 것이 합당할 것 같다)과 같은 의미입니다.

### 이 단어는 꼭 기억하세요!

**at one's leisure**[líːʒər] 한가한 때에
**have [meet with] an accident**[æksədənt] 사고를 당하다
**spring**[spriŋ] 샘, 우물(물이 자연적으로 땅에서 솟아나는 장소)
**be about to do** 막 ~을 하려고 하다
**follow**[fálou] (설명이나 이야기 등을) 이해하다
**reasoning**[ríːzəniŋ] 추리, 추론, 논거(어떤 일에 대해 생각하고 판단이나 결정을 내리는 과정)

**Missing words**

1. memories of
2. succeeded in
3. die of thirst

"It is a good thing to have had a friend, even if one is about to die. I, for instance, am very glad to have had a fox as a friend..."

"He has no way of guessing the danger," I said to myself. "He has never been either hungry or thirsty. A little sunshine is all he needs..."

But he looked at me steadily, and replied to my thought:

"I am thirsty, too. Let us look for a well..."

I made a gesture of 1._____. It is absurd to look for a well, at random, in the immensity of the desert. But nevertheless we started walking.

When we had 2._____ along for several hours, in silence, the darkness fell, and the stars began to come out. Thirst had made me a little 3._____, and I looked at them as if I were in a dream. The little prince's last words came 4._____ back into my memory:

"Then you are thirsty, too?" I demanded.

---

"비록 사람이 죽어간다 해도 친구가 있다는 건 좋은 일이야. 나에게는, 예를 들어, 친구로서 여우가 있다는 게 무척 기뻐……."

"저 애는 위험이 어느 정도인지 짐작을 못하는군." 나는 속으로 중얼거렸다. "그는 배고픔도 갈증도 느낀 적이 없었어. 햇살만 조금 비치면 그에겐 충분한 거야……."

그런데 그가 나를 가만히 바라보더니, 내 마음을 읽은 듯 이렇게 대답하는 것이었다:

"나도 역시 목이 말라. 샘을 찾으러 가자……."

나는 지쳤다는 몸짓을 했다. 광활한 사막에서 무턱대고 우물을 찾는 것은 어리석다. 하지만 그럼에도 불구하고 우리는 걷기 시작했다.

몇 시간 동안을 말없이 걷다 보니 어둠이 내리고 별들이 나타났다. 나는 갈증으로 열이 약간 났고, 그리고 나는 마치 꿈을 꾸는 것처럼 별들을 쳐다봤다. 어린 왕자의 마지막 말이 내 기억 속에 흐릿하게 떠올랐다:

"너도 역시 목이 마르니?" 내가 물었다.

**3** I, for instance, am very glad / to have had a fox as a friend.
예를 들면, 나는 매우 기쁘다　　　　　여우를 친구로 갖게 되었다

📖 예를 들어, 친구로서 여우가 있다는 게 무척 기뻐.

### 부정사 - 시제

완료부정사(to have + 과거분사)는 문장의 동사보다 '앞선 시간'을 나타냅니다. 이 문장에서 I am very glad <u>to have had</u> a fox as a friend.는 I am very glad that I <u>have had</u> a fox as a friend.의 의미입니다. 즉 기쁜 것보다 친구를 갖게 된 것이 더 먼저라는 뜻입니다.

**4** It is absurd / to look for a well, / at random, / in the immensity
그것은 어리석다　우물을 찾는 것은　　　　무턱대고 광활한

of the desert.
사막에서

📖 광활한 사막에서 무턱대고 우물을 찾는 것은 어리석다.

### 부정사 - 형용사 + to부정사

형용사의 특성에 따라 to부정사와 함께 쓰이거나 현재분사(또는 동명사)와 함께 쓰이기도 합니다. absurd(어리석은, 불합리한)는 to부정사와 함께 쓰이는 형용사입니다. It was <u>absurd to leave</u> such a large tip.(그렇게 많은 팁을 놓고 오다니 터무니없었다.)

### 이 단어는 꼭 기억하세요!

**make a gesture**[dʒéstʃər] 몸짓을 해 보이다

**weariness**[wíərinis] 피로, 싫증, 지루(장기간에 걸쳐 어떤 일을 계속 한 후 매우 피곤한 상태)

**at random**[rǽndəm] 되는대로, 임의로, 무작위로, 닥치는 대로(무엇이 일어날지 미리 생각하지 않고, 또는 결정하지 않고 하는 것)

**immensity**[iménsəti] 막대함, 광대함(엄청나게 큰 규모)

### Missing words

1. weariness
2. trudged
3. feverish
4. reeling

But he did not reply to my question. He merely said to me:

"Water may also be good for the heart…"

I did not understand this answer, but I said nothing. I knew very well that it was impossible to 1._____-_____ him.

He was tired. He sat down. I sat down beside him. And, after a little silence, he spoke again:

"The stars are beautiful, because of a flower that cannot be seen." I replied, "Yes, that is so." And, without saying anything more, I looked across 2._____ _____ _____ sand that were stretched out before us in the moonlight.

"The desert is beautiful," the little prince added.

And that was true. I have always loved the desert. One sits down on a desert sand 3._____, sees nothing, hears nothing. Yet through the silence something 4._____, and 5._____…

"What makes the desert beautiful," said the little prince, "is that somewhere it hides a well…"

하지만 그는 내 질문에 대답하지 않았다. 그는 단지 나에게 이렇게 말했다:

"물은 마음에도 역시 이로운 것인데……."

나는 그의 대답을 이해하지 못했으나, 잠자코 있었다. 그에게 따져 묻는 것이 불가능하다는 것을 나는 잘 알고 있었다.

그는 지쳤다. 그는 앉았다. 나도 그의 곁에 앉았다. 그러자, 잠시 침묵 후에, 그가 다시 입을 열었다:

"별들이 아름다운 것은 보이지 않는 한 송이 꽃 때문이야." 나는 대답했다. "그래, 바로 그거야." 그리고, 더 이상 아무 말도 없이, 나는 달빛 속에서 우리 앞에 펼쳐져 있는 모래 능선들을 바라보았다.

"사막은 아름다워." 어린 왕자가 덧붙였다.

그리고 그것은 사실이었다. 나는 언제나 사막을 사랑해 왔다. 사막의 모래언덕에 앉으면 아무것도 보이지 않고 들리지도 않는다. 그러나 뭔가 침묵 사이에 고동치고 빛나는 것이 있다…….

"사막을 아름답게 만드는 것은," 어린 왕자가 말했다. "어딘가에 샘물을 감추고 있기 때문이지……."

**5** "What makes the desert beautiful," said the little prince, "is that somewhere it hides a well."

📖 "사막을 아름답게 만드는 것은", 어린 왕자가 말했다. "어딘가에 샘물을 감추고 있기 때문이지."

### 대명사 - it

대명사 it은 신원을 확인하는 경우를 제외하고는 비인간을 가리키는 것으로서 이미 앞에서 언급된 3인칭 중성 단수 명사(구)를 가리킵니다. Have you seen my watch? I've lost it.(내 시계를 보았니? 시계를 잃어버렸어.)

### 이 단어는 꼭 기억하세요!

**ridge**[ridʒ] 능선, 산등성이(언덕이나 산의 제일 높은 곳에 잇달아 있는 좁고 길다란 고지)

**dune**[dju:n] 모래 언덕(해변이나 사막에 있는 나직한 곳)

**throb**[θrɑb] 강하게 고동치다, 맥이 뛰다, 두근두근하다, 진동하다(주기적으로 세게 움직이거나 소리를 내는 것)

### Missing words

1. cross-examine
2. the ridges of
3. dune
4. throbs
5. gleams

I 1.___ ___ ___ a sudden understanding of that mysterious radiation of the sands. When I was a little boy I lived in an old house, and legend told us that a treasure was buried there. To be sure, no one had ever known how to find it; perhaps no one had ever even looked for it. But it cast 2.___ ___ over that house. My home was hiding a secret in the depths of its heart...

"Yes," I said to the little prince. "The house, the stars, the desert – what gives them their beauty is something that is invisible!"

"I am glad," he said, "that you 3.___ ___ my fox."

As the little prince 4.___ ___ to sleep, I took him in my arms and set out walking once more. I felt deeply moved and stirred. It seemed to me that I was carrying a very fragile treasure. It seemed to me, even, that there was nothing more fragile on all the Earth. In the moonlight I looked at his pale forehead, his closed eyes, his locks of hair that trembled in the wind, and I said to myself: "What I see here is nothing but a shell. What is most important is invisible..."

나는 사막의 신비로운 광채를 갑자기 깨닫고 깜짝 놀랐다. 어린 시절 나는 낡은 집에서 살았고, 그런데 그 집에 보물이 감춰져 있다는 전설 같은 얘기가 있었다. 확실히, 그것을 어떻게 찾아낼 수 있는지 아는 사람은 없었다. 아마도 그것을 찾으려고 시도한 사람도 없었을 것이다. 하지만 그 전설 덕분에 우리 집은 마법에 걸린 것 같았다. 우리 집은 가장 깊숙한 곳에 보물을 감추고 있었던 것이다…….

"그래." 내가 어린 왕자에게 말했다. "집이든 별이든 혹은 사막이든 - 그들을 아름답게 만드는 건 눈에 보이지 않아!"

"나는 기뻐." 그가 말했다. "당신이 내 여우와 같은 생각이어서."

어린 왕자가 잠이 들었고, 나는 그를 안고 다시 걷기 시작했다. 나는 깊은 감동에 빠졌고, 마음이 동요되었다. 매우 연약한 어떤 보물을 안고 가는 느낌이었다. 마치 지구에는 그보다 더 연약한 것이 없는 듯한 느낌마저 들었다. 달빛 속에서 나는 그의 창백한 이마, 감겨 있는 눈, 바람에 나부끼는 머리카락을 보았고, 나는 혼잣말을 했다:"여기 내가 보는 건 껍질뿐이야. 가장 중요한 건 눈에 보이지 않아…….."

> 이 문장은 꼭 기억하세요!

**6** Legend told us that <u>a treasure</u> was buried there. To be sure, no one had ever known how to find it; perhaps no one had ever even looked for it. But it cast an enchantment over that house.

📖 전설은 거기에 보물이 있다는 것을 우리에게 말했다. 확실히 아무도 그것을 찾는 방법을 알지 못했다. 아마 그것을 찾으려고 한 사람도 없었을 것이다. 그러나 그 집에 마법이 걸렸다.

### 대명사 - it

대명사란 말 그대로 '명사를 대신하여 사용하는 말'입니다. 이 문장의 find it과 looked for it에서 it은 a treasure를 가리킵니다. 그러나 it cast an enchantment over that house 에서의 it은 막연한 환경, 상황, 마음속에 있거나 화제로 등장한 일을 가리키는 이른바 '상황의 it'이라고 합니다. 주어로 쓰이는 경우 '그것'이라고 해석하지 않습니다. 많은 글을 접하면서 터득해야 합니다.

**7** As the little prince **dropped off** to sleep, I took him in my arms and set out walking once more.

📖 어린 왕자가 잠이 들었고, 나는 그를 안고 다시 걷기 시작했다.

### 동사 - 용법과 표현

구동사 drop off 는 '부드럽게 잠들다 또는 옅은 잠에 빠지다'는 뜻으로 '자동사 표현'인 go[get] to sleep의 go[get] 대신에 영국 구어체 영어에서 자주 쓰입니다.

---

### 이 단어는 꼭 기억하세요!

**cast an enchantment**[intʃǽntmənt] **over ~**
에 마술[마법]을 걸다(=cast a spell over)

**move**[muːv] 감동시키다(어떤 사람에게 강한 감정, 특히 슬픔을 일으키게하는것)

**fragile**[frǽdʒəl] 부서지기 쉬운, 부러지기 쉬운, 무른, 깨지기 쉬운

**lock**[lɑk] 타래, (한 타래의) 늘어뜨린 머리(늘어뜨린 머리채 중 몇 가닥의 머리털)

### Missing words

1. was astonished by
2. an enchantment
3. agree with
4. dropped off

Day 21 22 23 24 25 26 27 28 29 30

As his lips opened slightly with the 1._____ of a half-smile, I said to myself, again: "What moves me so deeply, about this little prince who is sleeping here, is his loyalty to a flower – the image of a rose that shines through his whole being like the 2._____ of a lamp, even when he is asleep..." And I felt him to be more fragile still. I felt the need of protecting him, as if he himself were a flame that might be extinguished by a little puff of wind...

And, as I walked on so, I found the well, 3._____ _____.

그의 입술은 약간의 - 미소를 머금은 채 살짝 벌어져 있었고, 나는 다시 혼자 말을 했다: "여기 잠든 어린 왕자가 나를 그렇게 감동시킨 것은 꽃 한 송이에 대한 그의 충실성 - 그가 잠들어 있을 때에도 램프의 불꽃처럼 그의 존재를 속에서 빛나고 있는 한 송이 장미의 모습이야……." 그러자 그가 더욱더 부서지기 쉬운 존재라고 느껴졌다. 그가 마치 한줄기 바람에도 꺼질 수 있는 등불 같아서 나는 그를 보호해 줄 필요를 느꼈다…….

그리고 그렇게 걸어가다가, 동틀 무렵에 나는 샘을 발견했다.

### 이 문장은 꼭 기억하세요!

**8** I felt the need of / protecting him, / as if he himself were a
나는 필요성을 느꼈다    그를 보호해야 한다    마치 그 자신이 불꽃인 것처럼
**flame / that might be extinguished by a little puff of wind...**
　　　　　한 번 획하고 부는 바람에 꺼질지도 모르는

📖 나는 그를 보호해야 할 필요성을 느꼈다. 마치 그 자신이 한 번 획하고 부는 바람에 꺼질지도 모르는 불꽃인 것처럼…….

### 조동사 - might

'~일지도 모른다, 아마 ~일 것이다'의 뜻을 나타내는 법조동사 might는 may보다 어떤 상황이 발생할 사실적인 가능성에 대하여 좀 더 불확실하거나 유보적인 태도를 암시합니다. 따라서 He might pass his exam. 은 He may pass his exam. (그가 시험에 합격할 지도 모른다.)보다 시험에 합격할 가능성이 다소 낮습니다.

### 이 단어는 꼭 기억하세요!

**suspicion**[səspíʃən] **of a smile** 약간의 미소
**at daybreak**[déibrèik] 새벽에
**extinguish**[ikstíŋgwiʃ] 어떤 것이 타는 것을 멈추게 하다, 끄다
**puff**[pʌf] 한번 휙 불기

### Missing words

1. suspicion
2. flame
3. at daybreak

# ★ Vocabulary Check A ★

| | | | |
|---|---|---|---|
| 1 | propose | | ✓ |
| 2 | raise | | ☐ |
| 3 | perplex | | ☐ |
| 4 | monotonous | | ☐ |
| 5 | grain | | ☐ |
| 6 | rite | | ☐ |
| 7 | harm | | ☐ |
| 8 | embarrassed | | ☐ |
| 9 | essential | | ☐ |
| 10 | roar | | ☐ |
| 11 | pursue | | ☐ |
| 12 | tremendous | | ☐ |
| 13 | reasoning | | ☐ |
| 14 | immensity | | ☐ |
| 15 | throb | | ☐ |

# ★ Vocabulary Check B ★

| 1 | ~을 길들이다 | | ✓ |
|---|---|---|---|
| 2 | ~에 대한 욕구가 없다 | | ☐ |
| 3 | 한숨 쉬다 | | ☐ |
| 4 | 인내심[참을성]이 있는 | | ☐ |
| 5 | 준수하다 | | ☐ |
| 6 | ~을 제외하고, 이외에는 | | ☐ |
| 7 | ~을 낭비하다, 시간을 쓰다 | | ☐ |
| 8 | 분류하다 | | ☐ |
| 9 | 보내다 | | ☐ |
| 10 | 창유리 | | ☐ |
| 11 | 봉제 인형 | | ☐ |
| 12 | 갈증을 풀다 | | ☐ |
| 13 | 막 ~을 하려고 하다 | | ☐ |
| 14 | 되는대로, 임의로, 무작위로, 닥치는 대로 | | ☐ |
| 15 | 부서지기 쉬운, 부러지기 쉬운, 무른, 깨지기 쉬운 | | ☐ |

"Men," said the little prince, "set out on their way in express trains, but they do not know what they are looking for. Then they rush about, and get excited, and turn round and round..."

And he added:

"It is not worth the trouble..."

The well that we had come to was not like the wells of the Sahara. The wells of the Sahara are mere 1._____ _____ in the sand. This one was like a well in village. But there was no village here, and I thought I must be dreaming...

"It is strange," I said to the little prince. "Everything is ready for use: the 2._____, the bucket, the rope..."

He laughed, touched the rope, and set the pulley to working. And the pulley 3._____, like an old 4._____ _____ which the wind has long since forgotten.

---

"사람들은," 어린 왕자가 말했다. "급행열차에 타고 여행을 떠나지만, 자신들이 무엇을 찾고 있는지 몰라. 그래서 바쁘게 돌아다니며, 흥분하여 빙빙 돌고 있어……."

그리고 그는 다시 말을 덧붙였다:

"그것은 수고를 들일 가치가 없어……."

우리가 도달한 우물은 사하라 사막의 우물과는 달랐다. 사하라 사막의 우물은 그저 모래에 파 놓은 구멍이다. 그런데 이것은 마을에 있는 우물과 비슷했다. 그러나 여기에 마을 같은 것은 없었고, 나는 분명히 내가 꿈을 꾸고 있다고 생각했다…….

"이상하군." 나는 어린 왕자에게 말했다. "모든 게 사용할 수 있게 준비 되어 있어. 도르래, 물통, 밧줄……."

그는 웃었고, 밧줄을 잡았다. 그리고 도르래를 움직였다. 그러자 도르래는 오랫동안 바람을 잊어버린 낡은 풍향계처럼 삐걱거렸다.

### 이 문장은 꼭 기억하세요!

**1** "Men," said the little prince, "set out on their way in express trains, but they do not know what they are looking for."

📖 "사람들은," 어린 왕자는 말했다. "급행열차를 타고 여행을 떠나지만 자신들이 무엇을 찾고 있는지 알지 몰라."

**동사 - 용법과 표현**

구동사 set out은 특히 장거리 여행을 시작하려고 어떤 장소를 향해 떠나는 것으로 '여행을 떠나다'는 뜻입니다. 〈동사 + one's way (+ 부사 / 부사구)〉는 우리말로 옮길 때 까다로운 경우가 많습니다. 이 표현의 기본 표현은 원래 make one's way = to go (가다)입니다.

**2** It is not worth the trouble.

📖 그것은 수고를 들일 가치가 없다.

**형용사 - worth**

어떤 특정한 (금전적) 가치를 가진 것으로 '~의 가치가 있는, ~할만한'의 뜻으로 쓰이는 형용사 worth는 연결동사 다음에 서술적 용법으로만 쓰이는 형용사입니다. 그리고 〈worth + 목적어〉 형태를 취합니다.

☑ 서술적 용법: 형용사의 서술적 용법은 문장에서 보어(주격보어-2형식, 목적격 보어-5형식) 역할을 하는 형용사를 말합니다.

### 이 단어는 꼭 기억하세요!

**pulley**[púli] 도르래(무거운 것을 들어올리기 위해 쇠사슬 또는 밧줄을 잡아당기는 바퀴가 달린 기구)

**moan**[moun] 신음하다, 끙끙거리다(아프거나 몹시 슬퍼서 등으로 낮은 소리를 내는 것)

**weather vane**[wéðər vein] 풍향계(바람이 부는 방향을 보여 주며 움직이는, 건물의 꼭대기에 부착된 금속 물체= weathercock)

### Missing words

1. holes dug
2. pulley
3. moaned
4. weather vane

"Do you hear?" said the little prince. "We have wakened the well, and it is singing..."

I did not want him to tire himself with the rope.

"Leave it to me," I said. "It is too 1._____ _____ you."

I hoisted the bucket slowly to the edge of the well and set it there – happy, tired as I was, over my achievement. The song of the pulley was still in my ears, and I could see the sunlight shimmer in the still 2._____ water.

"I am thirsty for this water," said the little prince. "Give me some of it to drink..."

And I understood what he had been looking for.

---

"들려?" 어린 왕자가 말했다. "우리가 우물을 잠에서 깨우니까, 우물이 노래를 하고 있어······."

나는 그에게 밧줄을 당기는 힘든 일을 시키고 싶지 않았다.

"내가 할게." 나는 말했다. "너에겐 너무 무거워."

나는 두레박을 우물 가장자리로 천천히 끌어올려 그것을 거기에 내려놓았다. 비록 나는 피곤했지만 성취감으로 행복했다. 도르래의 노랫소리는 아직도 내 귀에 울렸고, 아직도 출렁이는 물속에 햇살이 빛나는 걸 볼 수 있었다.

"이 물을 마시고 싶어." 어린 왕자가 말했다. "나에게 마실 물을 좀 줘······."

그리고 나는 그가 무엇을 찾고 있었는지 이해했다.

### 이 문장은 꼭 기억하세요!

**3** I hoisted the bucket slowly to the edge of the well and set it there– happy, **tired as I was**, over my achievement.

📖 나는 두레박을 우물 가장자리로 천천히 끌어올려 그것을 거기에 내려놓았다. 비록 나는 피곤했지만 성취감으로 행복했다.

**특수 구문 - 도치**

양보절을 이끄는 접속사 as는 도치 구문에 쓰입니다. 이때의 어순은 〈형용사 + as + 주어 + 동사〉입니다. 이때 as 대신 though가 쓰이기도 합니다. 이와 같이 도치 구문을 만드는 양보절이 명사(구)로 시작할 때 명사 앞에는 관사를 붙이지 않습니다. 참고로 미국 영어에서는 앞에 as를 첨가하는 형식을 선호합니다.

**4** And I understood what he **had been looking** for.

📖 그리고 나는 그가 무엇을 찾고 있었는지 이해했다.

**동사의 시제 - 과거완료진행**

과거완료진행(had + been + -ing)은 특정한 과거 시점 이전부터 얼마 동안 지속되어 온 사건을 나타낸다는 점 이외에는 현재완료진행과 동일합니다. 이 경우에 과거 기준점이 문맥상 명시되거나 암시되어 있습니다. It had been drizzling all day.(비가 온 종일 보슬보슬 내리고 있었다.)

### 이 단어는 꼭 기억하세요!

**waken**[wéikən] ~을 깨우다(잠든 것을 멈추게 하거나 어떤 사람이 잠들어 있는 것을 멈추게 하는 것)

**hoist**[hɔist] ~을 높이 올리다, 들어 올리다(흔히 로프 등을 사용하여 어떤 것을 들어올리거나 끌어[감아]올리는 것)

**shimmer**[ʃímər] 희미하게 빛나다, 반짝이다, 빛이 흔들리다(흔들리는 것처럼 보이는 부드러운 빛이 빛나는 것)

### Missing words

1. heavy for
2. trembling

I raised the bucket to his lips. He drank, his eyes closed. It was as sweet as some special 1._____ _____. This water was indeed a different thing from ordinary 2._____. Its sweetness was born of the walk under the stars, the song of the pulley, the effort of my arms. It was good for the heart, like a present. When I was a little boy, the lights of the Christmas tree, the music of the Midnight Mass, the tenderness of smiling faces, used to make up, so, the 3._____ of the gifts I received.

"The men where you live," said the little prince, "raise five thousand roses in the same garden – and they do not find in it what they are looking for."

"They do not find it," I replied.

"And yet what they are looking for could be found in one single rose, or in a little water."

"Yes, that is true," I said.

나는 두레박을 그의 입술로 가져갔다. 그는 눈을 감고, 물을 마셨다. 어떤 특별한 축제의 음식처럼 달콤했다. 그 물은 분명 보통 음식물과는 다른 것이었다. 그 달콤함은 별빛 아래 걷기와 도르래의 노래와 내 팔의 수고로 태어난 것이었다. 그것은 마치 선물처럼 마음을 기쁘게 하는 것이었다. 내가 어린 꼬마였을 때, 크리스마스트리의 불빛과 자정미사의 음악과 사람들의 부드러운 미소가 내가 받는 선물을 빛나는 것으로 만들어 주었다.

"당신이 사는 곳의 사람들은," 어린 왕자가 말했다. "한 정원에 장미를 5천 송이나 키우지만 - 그들이 찾는 것을 거기에서 발견하지 못해."

"그들은 발견하지 못하지." 내가 대답했다.

"하지만 그들이 찾는 것은 꽃 한 송이나 물 한 모금에서 발견할 수도 있어."

"그래, 사실이야." 내가 대답했다.

**이 문장은 꼭 기억하세요!**

**5** **They do not <u>find</u> in it what they are looking for.**
📖 그들은 그(정원) 안에서 자신들이 찾는 것을 발견하지 못한다.

**특수 구문 - 도치**
한 문장을 구성하는 데 있어서 그 길이가 상대적으로 긴 구성 요소나 문법 구조가 복잡한 요소를 문장의 뒷자리에 배열시키는 것이 영어의 원칙입니다. 이 문장에서는 동사 find의 목적어인 명사절 what they are looking for가 길고, 부사구 in it이 상대적으로 짧기 때문에 도치가 발생한 것입니다.

**6** **And yet what they are looking for could be found in one single rose, or in a little water.**
📖 하지만 그들이 찾고 있는 것은 단 한송이의 장미나, 또는 한 모금의 적은 물에서도 찾을 수 있을 것 이다.

**등위접속사 - and**
두 개의 단어나 문구를 연결하는 등위접속사 and(그리고, ~와)가 문맥상 but의 뜻으로 쓰이는 경우가 종종 있습니다. 그리고 and가 but(그러나)의 뜻으로 쓰일 때는 and yet, and now 따위로 이어지기도 합니다.

---

**이 단어는 꼭 기억하세요!**

**treat**[triːt] 큰 기쁨, 만족이나 즐거움을 주는 것(많은 기쁨을 주는 얘기치 않은 것)

**nourishment**[nə́ːriʃmənt] 영양(물)(사람이 살아가는 데 필요한 음식물)

**Mass**[mæs] 미사(의식)(로마 가톨릭교회의 주요 종교 의식)

**Missing words**
1. festival treat
2. nourishment
3. radiance

And the little prince added:

"But the eyes are blind. One must look with the heart..."

I had drunk the water. I breathed easily. At sunrise the sand is the color of honey. And that honey color was making me happy, too. What brought me, this 1._____ _____ _____?

"You must keep your promise," said the little prince, softly, as he sat down beside me once more.

"What promise?"

"You know – a 2._____ _____ my sheep... I am responsible for this flower..."

I took my 3._____ _____ of drawings 4._____ _____ my pocket. The little prince looked them over, and laughed as he said:

---

그리고 어린 왕자가 덧붙였다:

"하지만, 눈이 멀었어. 마음으로 봐야 해……."

나도 물을 마셨다. 나는 편하게 숨을 쉬었다. 해가 뜨면, 모래는 꿀 색깔이다. 그리고 그 꿀 빛깔은 역시 나를 행복하게 했다. 그런데 서글픈 생각이 드는 건 무슨 까닭일까?

"당신은 약속을 지켜야 해." 어린 왕자가 다시 내 옆에 앉으며 부드럽게 말했다.

"무슨 약속?"

"알잖아 - 내 양을 위한 입마개…… 난 그 꽃에 책임이 있어……."

나는 대충 그려 두었던 그림을 내 주머니에서 꺼냈다. 어린 왕자는 그림을 관찰했고, 웃으며 말했다:

### 이 문장은 꼭 기억하세요!

**1** **What brought / me / this sense of grief?**
무엇이 가져왔는가  나에게 이런 슬픔의 감정을

📖 그런데 서글픈 생각이 드는 건 무슨 까닭일까?

#### 명사 - 무생물 주어

영어에서는 '주어 노릇'을 할 수 있는 말의 범위가 한국어에 비해 훨씬 더 넓습니다. 명사나 명사 구실을 할 수 있는 말이 모두 주어가 될 수 있기 때문입니다. 이 문장을 한국어에 가깝게 옮겨 보면 Why did I feel deep grief [feel so sad]?정도가 됩니다.

**2** **He sat down beside me once more.**

📖 어린 왕자가 다시 내 옆에 앉았다.

#### 전치사 - beside

전치사 beside는 '~곁에, ~에 비하면, ~을 벗어나서'라는 뜻으로 쓰입니다. Who's the big blonde sitting beside Eric?(Eric 곁에 앉아 있는 키가 큰 금발의 여자는 누구입니까?) She is an angel beside you. (네게 비하면 그녀는 천사다.) This discussion is beside the point.(이 토론은 문제점을 벗어났다.)

### 이 단어는 꼭 기억하세요!

**keep a promise**[prámis] 약속을 지키다 * break a promise 약속을 어기다

**rough draft**[rʌf dræft] 대략적인 밑그림(정밀하지 않거나 세부 사항을 많이 포함시키지 않은 것)

**look over** 살피다, 죽 훑어보다(사물이나 사람을 빨리 검사하는 것)

**cabbage**[kǽbidʒ] 양배추, 양배추 잎

### Missing words

1. sense of grief
2. muzzle for
3. rough drafts
4. out of

"Your baobabs – they look a little like cabbages."

"Oh!"

I had been so 1._____ _____ my baobabs!

"Your fox – his ears look a little like horns; and they are too long."

And he laughed again.

"You are not 2._____, little prince," I said. "I don't know how to draw anything except boa constrictors from the outside and boa constrictors from the inside."

"Oh, that will be all right," he said, "children understand."

So then I made a pencil sketch of a muzzle. And as I gave it to him my heart 3._____ _____.

"You have plans that I do not know about," I said.

But he did not answer me. He said to me, instead:

---

"당신의 바오밥 나무들은 – 그들은 양배추처럼 보여."

"오!"

나는 내 바오밥 나무 그림에 대해 꽤나 자부심이 있었는데!

"당신의 여우는 – 귀가 뿔처럼 생겼고. 너무 길어."

그리고 그는 또 웃었다.

"어린 왕자, 너는 공정하지 않아." 나는 말했다. "나는 겉과 속이 보이는 보아 구렁이 이외에는 다른 것을 그리는 방법을 몰라."

"오, 괜찮아." 그는 말했다. "아이들은 이해해."

그래서 나는 연필로 입마개를 그렸다. 그리고 나는 입마개를 어린 왕자에게 주면서 가슴이 아팠다.

"넌 내가 모르는 어떤 계획을 하고 있구나." 나는 말했다.

하지만 그는 나에게 대답하지 않았다. 대신, 그는 나에게 말했다:

**이 문장은 꼭 기억하세요!**

**3** **I don't know how to draw anything / except boa constrictors**
나는 어느 것도 그리는 방법을 알지 못한다      속이 보이지 않는 보아구렁이와

**from the outside and boa constrictors from the inside.**
속이 보이는 보아구렁이를 제외하고

📖 나는 겉과 속이 보이는 보아구렁이 이외에는 다른 것을 그리는 방법을 몰라.

**전치사 - except**

어떤 사람이나 사물을 포함하지 않는 것으로 '~을 제외하고, ~이외에는'의 뜻으로 쓰이는 전치사 except는 어떤 사람이나 사물을 적극적으로 제외한다는 의미입니다.

**4** **So then I made a pencil sketch of a muzzle.**

📖 그래서 나는 연필로 입마개를 그렸다.

**동사 - 명사와의 결합**

동사 make는 〈부정관사 + 동작 명사〉와 결합하여 수많은 표현을 만듭니다. 이 문장에서처럼 '스케치하다'는 make[draw, do] a sketch라고 합니다.

---

**이 단어는 꼭 기억하세요!**

**horn**[hɔːrn] 뿔(소·염소 등의 머리에서 자라는 딱딱하고 뾰족한 부분)

**fair**[fɛər] 공정한, 공평한, 평등한(법률이나 규칙 등에 따라 각각의 사람, 또는 주변을 평등하게 다루는 것)

**make[do, draw] a pencil sketch of** ~을 연필 스케치하다

**Missing words**

1. proud of
2. fair
3. was torn

**Day** 21 22 23 24 25 26 27 28 29 30

"You know – my descent to the earth... Tomorrow will be its anniversary."

Then, after a silence, he went on:

"I came down very near here."

And he flushed.

And once again, without understanding why, I had a queer sense of 1._____. One question, however, 2._____ _____ me:

"Then it was not by chance that on the morning when I first met you – a week ago – you were 3._____ _____ like that, all alone, a thousand miles from any inhabited region? You were on the your way back to the place where you landed?"

The little prince flushed again.

---

"네가 알다시피 - 내가 지구에 내려온 지도……. 내일이면 1년이 돼."

그리고, 잠시 조용히 있던 그가 말을 계속했다:

"나는 바로 이 근처에 떨어졌어."

그는 얼굴을 붉혔다.

그리고 한 번 더, 이유를 알 수 없이, 묘한 슬픔에 잠겼다. 그런데, 한 가지 의문이 떠올랐다:

"그럼 내가 너를 처음 본 날 아침 - 일주일 전 - 사람 사는 곳에서 수천 마일 떨어진 여기서 네가, 혼자, 걷고 있었던 것은 우연이 아니었구나? 네가 내려온 지점으로 돌아가고 있었던 거야?"

어린 왕자는 다시 얼굴을 붉혔다.

### 5. Tomorrow will be its anniversary.
📖 내일이면 1년이 돼.

**동사의 시제 - 미래 시제**

영어에는 미래 시간을 나타내는 특정한 동사형이 없기 때문에 미래 시간을 나타내는 '미래 표현'을 사용해야 합니다. 〈will + 동사원형〉이 미래 시간을 나타내는 표현입니다. 이러한 것을 '단순 미래'라고도 합니다.

### 6. It was not by chance / that on the morning / when I first met you.
우연이 아니었다         그날 아침에              네가 너를 처음 만났다

📖 내가 너를 처음 본 날 아침은 우연이 아니었다.

**전치사 - on**

전치사 on은 X on Y에서 X가 Y의 위에 닿아 있는 관계입니다. 전치사 on이 시간 관계를 나타낼 때는 접촉과 연결의 뜻을 나타냅니다. She arrived on Monday.(그녀는 월요일에 도착했다.)에서 X는 도착한 사건이고 Y는 하루의 시간입니다. 즉 도착이 하루의 한 부분을 차지한다는 것입니다. 그리하여 특정한 날·요일에는 전치사 on이 사용됩니다.

---

**이 단어는 꼭 기억하세요!**

**descent**[disént] 내려감[옴], 하강(낮은 곳을 향해 내려가는 움직임)

**anniversary**[æ̀nəvə́:rsəri] 기념일(특별하거나 중요한 사건이 있는 지 꼭 1년 또는 여러해 경과한 날)

**stroll along**[stroul əlɔ́:ŋ] ~을 따라서 한가로이 거닐다[산책하다]

**flush**[flʌʃ] 빨개지다, 달아오르다, 상기되다(당황하거나 화가 나는 경우 사람의 얼굴이 붉어짐)

**Missing words**
1. sorrow
2. occured to
3. strolling along

And I added, with some hesitancy:

"Perhaps it was because of the 1._____?"

The little prince flushed once more. He never answered questions – but when one flushes does that not mean "Yes"?

"Ah," I said to him, "I am a little frightened – "

But he interrupted me.

"Now you must work. You must return to your engine. I will be waiting for you here. Come back tomorrow evening..."

But I was not 2._____. I remembered the fox. One 3._____ _____ _____ weeping a little, if one lets himself be tamed...

---

그래서 내가 머뭇거리며 덧붙였다:

"아마 1주년 기념 때문이겠지?"

어린 왕자는 또 얼굴을 붉혔다. 그는 결코 묻는 말에 대답하진 않았다 - 그러나 사람이 얼굴을 붉힌다는 것은 '긍정'을 뜻하는 게 아닌가?

"아," 나는 그에게 말했다. "나는 약간 두려워 -"

그런데 그가 나를 가로막았다.

"이제, 당신은 일을 해야 해. 비행기로 돌아가. 난 여기서 당신을 기다리고 있을게. 내일 저녁에 돌아와……."

하지만 나는 마음이 놓이지 않았다. 나는 여우가 생각났다. 사람은 자기 스스로 길들여지도록 허락했다면, 약간의 눈물을 흘릴 각오를 해야 한다…….

### 이 문장은 꼭 기억하세요!

**7** **I will be waiting for you here.**
📖 난 여기서 당신을 기다리고 있겠다.

#### 동사의 시제 - 미래진행

앞으로 있을 상황을 설명할 때 미래진행형을 자주 사용하는데, 미래진행형은 〈will [shall] + be + -ing〉형태를 취합니다. 진행형을 쓰면 단순 시제를 쓰는 경우에 비하여 '조심스럽고 정중한 느낌'을 주고 '일시성'을 나타내므로 상대방에게 심리적인 부담을 덜 주기 때문에 그렇습니다.

**8** **One runs the risk of weeping a little.**
📖 약간의 눈물을 흘릴 각오를 해야 한다.

#### 명사 - 동격

대개의 경우 어떤 명사의 내용을 설명하는 '동격'은 대부분 that절로 나타내지만 명사의 성격에 따라 to부정사를 동격어구로 쓸 수도 있고, 또 〈of + 동명사〉를 동격어구로 사용할 수도 있습니다. 명사 risk(위험, 우려)는 to부정사가 아니라 〈of + 동명사〉를 동격어구로 사용합니다.

### 이 단어는 꼭 기억하세요!

**frightened**[fràitnd] 깜짝 놀란, 겁이 난(두려움을 느끼는 것)

**reassure**[rìːəʃúər] 안심시키다(남이 어떤 문제에 대해서 침착하고 덜 걱정하게 하는 것)

### Missing words

1. anniversary
2. reassured
3. runs the risk of

# Day 28

Beside the well there was the ruin of an old stone wall. When I came back from my work, the next evening, I saw from some distance away my little prince sitting on top of this wall, with his feet 1._____. And I heard him say:

"Then you don't remember. This is not the exact spot."

Another voice must have answered him, for he replied to it:

"Yes, yes! It is the right day, but this is not the place."

I continued my walk toward the wall. 2._____ _____ _____ did I see or hear anyone. The little prince, however, replied once again:

"– Exactly. You will see where 3._____ _____ begins, in the sand. You have nothing to do but wait for me there. I shall be there tonight."

우물 옆에는 폐허가 된 오래된 돌담이 있었다. 다음날 저녁, 일을 하고 돌아왔을 때, 나는 어린 왕자가 그 위에 앉아 다리를 늘어뜨리고 있는 것을 보았다. 그리고 그가 말하는 것을 들었다:

"그렇다면 너는 기억을 못하는 거야. 여기는 정확한 장소가 아니야."

다른 목소리가 대답을 한 게 틀림없었다. 그가 거기에 대답을 했다.

"그래, 그래! 날짜는 오늘이 맞아, 하지만 장소는 여기가 아냐."

나는 돌담을 향해 계속 걸어갔다. 나는 일체 누군가를 보거나 듣지 못했다. 하지만 어린 왕자는 다시 대답을 했다:

" - 맞아. 너는 모래에서, 내 발자국이 어디에서 시작되는지 볼 수 있어. 거기서 날 기다리기만 하면 돼. 내가 오늘 밤 거기 있을 거야."

### 이 문장은 꼭 기억하세요!

**1** **Another voice must have answered him, for he replied to it.**

📖 다른 목소리가 그에게 대답했음에 틀림없었다, 왜냐하면 그가 그것에 대답을 했기 때문에.

#### 조동사 - 관용 표현

must 다음에 완료형인 〈have + 과거분사〉형이 오면 과거의 긍정적 추측을 나타냅니다. must는 직접적인 경험에 의해서가 아니라 이용 가능한 모든 상황을 종합하여 내리는 추론에 의해 도달하는 확실성을 나타냅니다. 〈must + have + 과거완료〉는 과거와 관련하여 주어진 상황으로 미루어 보아 내리는 필연적인 판단의 결과를 나타내는 것입니다.

**2** **At no time did I see or hear anyone.**

📖 나는 결코 아무도 보거나 듣지 못했다.

#### 특수 구문 - 도치

의미를 강조하기 위해 문장 앞에 부정의 부사어구(at no time 결코 ~ 않다)가 위치하게 되면 주어(I), 동사의 위치가 바뀝니다. 이때 부사어구의 이동에 따라 조동사 do가 들어 간다는 점에 주의하여야 합니다. 즉 〈부정의 부사어구 + 조동사 do + 주어 + 동사〉의 어순이 됩니다.

#### 이 단어는 꼭 기억하세요!

**ruin**[rúːin] 폐허, 잔해(파괴되거나 심한 손상을 입은 뒤 그대로 남아 있는 건물의 부분)

**spot**[spɑt] 지점, 장소(특정한 장소나 지역)

**have nothing to do but wait** 단지 기다리기만 하면 되다(=just wait)

#### Missing words

1. dangling
2. At no time
3. my track

I was only twenty yards from the wall, and I still saw nothing.

After a silence the little prince spoke again:

"You have good poison? You are sure that it will not make me suffer too long?"

I stopped in my tracks, my heart torn asunder; but still I did not understand.

"Now go away," said the little prince. "I want to get down from the wall."

I dropped my eyes, then, to the foot of the wall – and I leaped into the air. There before me, facing the little prince, was one of those yellow snakes that take just thirty seconds to bring your life 1._____ _____ _____. Even as I was digging into my pocket to get out my 2._____ I made a running step back. But, at the noise I made, the snake let himself flow easily across the sand like the dying spray of a fountain, and, in no 3._____ hurry, disappeared, with a light 4._____ sound, among the stones.

---

나는 돌담에서 불과 20야드 되는 거리에 있었는데, 여전히 아무것도 보이지 않았다.

어린 왕자는 잠시 침묵을 지키다가 다시 말을 했다:

"너는 대단한 독을 갖고 있니? 그게 나를 오랫동안 고통스럽게 하지 않을 것을 너는 확신하지?"

나는 걸음을 멈췄고, 내 가슴은 산산조각이 났다. 하지만 아직 무슨 이야기인지 알아차리지 못했다.

"그럼, 이제 가봐." 어린 왕자가 말했다. "나는 돌담에서 내려갈 거야."

그리고는 나도 돌담 밑으로 시선을 떨구었다가 - 나는 기겁을 하고 말았다. 거기에는 30초 만에 사람의 목숨을 끊을 수 있는 노란 독사가, 어린 왕자와 마주하고 있었다. 나는 권총을 꺼내려고 주머니를 뒤지면서도, 뒷걸음질 했다. 그러나 내가 만든 소음 때문에, 뱀은 꺼져가는 분수처럼 모래 속으로 스르르 미끄러져 들어가더니, 가벼운 금속성 소리를 내며 조금도 허둥대지 않고 돌 틈으로 교묘히 몸을 감추어 버렸다.

### 3. You are sure that it **will** not make me suffer too long?
📖 그게 나를 오랫동안 고통스럽게 하지 않을 것을 너는 확신하지?

**조동사 - will**

어떤 일이 사실일 것이라고 말할 때 쓰이는 법조동사 will(~일 것이다)은 확실한 주장을 나타내기는 하지만, 아주 명백한 추론에 근거를 둔 주장이 아닐 때 사용합니다. 흔히 '일반적인 예측성'이라는 의미에서 사람이나 사물의 일반적인 특성을 나타낼 때 사용합니다.

### 4. I stopped / in my tracks, / (with) **my heart torn asunder**.
나는 멈췄다    그 자리에서    내 심장이 산산이 찢어져

📖 나는 내 심장이 산산이 찢어진 채, 그 자리에서 멈췄다.

**분사구문 - 부대상황**

〈with + 명사 + 분사 + 형용사〉구문으로 분사구문이 변형된 형태입니다. 전치사 with는 그 자체에 특별한 의미 없이 〈명사 + 분사 + 형용사〉를 주절에 연결시키는 기능을 합니다. 이 문장에서는 〈분사 + 형용사〉인 torn asunder가 명사(구) my heart를 수식·설명해 주고 있는데, my heart 앞에 전치사 with가 생략되어 있습니다.

---

**이 단어는 꼭 기억하세요!**

**suffer**[sʌ́fər] 고생하다, 고통 받다(고통, 슬픔, 어려움 등 불쾌한 어떤 것을 경험하는 것)

**asunder**[əsʌ́ndər] 산산이, 뿔뿔이 * families torn asunder by the war (그 전쟁으로 뿔뿔이 흩어진 가족들)

**revolver**[rivάlvər] 회전식 연발총, 연발 권총(탄환을 장전하는 부분이 회전하는 작은 총)

**apparent**[əpǽrənt] 겉보기(만)의, 표면상의, 외견상의(진실이거나 진짜인 것 같아 보이나 그렇지 않을지도 모르는 것)

**Missing words**

1. to an end
2. revolver
3. apparent
4. metallic

I reached the wall just in time to catch my little man in my arms; his face was white as snow.

"What does this mean?" I demanded. "Why are you talking with snakes?"

I had 1._____ the golden muffler that he always wore. I had 2._____ his temples, and had given him some water to drink. And now I did not dare ask him any more questions. He looked at me very 3._____, and put his arms around my neck. I felt his heart beating like the heart of a dying bird, shot with someone's rifle...

"I am glad that you have found what was the matter with your engine," he said. "Now you can go back home – "

"How do you know about that?"

I was just coming to tell him that my work had been successful, beyond anything that I had 4._____ _____ hope.

He made no answer to my question, but he added:

---

나는 마침 적절한 때에 돌담에 이르러 나의 어린 왕자를 안았다. 그의 얼굴은 마치 눈처럼 창백했다.

"이건 무엇을 의미하는 거야?" 나는 물었다. "왜 뱀과 이야기를 했어?"

나는 그가 언제나 목에 두르고 있는 금빛 머플러를 풀었다. 나는 그의 관자놀이에 물을 적시고 물을 마시게 했다. 지금 그에게 더 이상의 질문을 감히 하지 않았다. 그는 나를 진지하게 바라보더니, 내 목에 두 팔을 감았다. 나는 그의 심장이 마치 총에 맞아 죽어가는 새의 심장처럼 뛰는 것을 느꼈다…….

"당신의 엔진이 뭐가 문제인지를 당신이 알게 되어 나는 기뻐." 그가 말했다. "이제 집에 돌아갈 수 있어 - "

"네가 그걸 어떻게 알지?"

나는 거의 기대하지도 못했는데, 뜻밖에도 수리에 성공했다는 걸 그에게 막 말하려던 참이었다.

그는 내 물음에 아무 대답도 하지 않고, 이렇게 덧붙였다:

### 이 문장은 꼭 기억하세요!

**5** **I reached** the wall just in time / **to catch** my little man in my arms.
나는 마침 적절한 때에 담에 도착했다    어린 왕자를 팔에 안았다

📖 나는 마침 적절한 때에 돌담에 이르러 나의 어린 왕자를 품에 안았다.

#### 부정사 - 연결 기능

영어에서는 첫 번째 동작과 두 번째 동작을 연결할 때 to부정사를 사용하기도 합니다. 이 문장에서는 첫 번째 동작을 정동사의 형태 reached로 나타내고, 두 번째 동작을 to부정사인 to catch로 나타내고 있습니다. 이런 표현 방식은 우리말에는 없습니다.

**6** **I felt** / his heart **beating** like the heart of a **dying** bird, /
나는 느꼈다   죽어가는 새의 심장처럼 뛰고 있는 그의 심장을

<u>shot</u> with someone's rifle.
누군가의 총에 맞아

📖 나는 그의 심장이 마치 총에 맞아 죽어가는 새의 심장처럼 뛰는 것을 느꼈다.

#### 분사 - 현재분사

지각동사(felt) 다음의 목적보어로서 현재분사(beating)가 사용되고 있습니다. 현대 영어에서는 목적보어로서 원형부정사 대신 현재분사가 더 많이 쓰입니다. 현재분사 dying은 명사 앞에서 '능동(~하고 있는)'을, 과거분사 shot은 '수동(~된, 당한)'을 나타냅니다.

### 이 단어는 꼭 기억하세요!

**in time** 늦지 않게, 꼭 맞추어서(어떤 것을 하기에 충분할 만큼 일찍)

**loosen**[lúːsn] 느슨하게 하다, 헐거워지게 하다, ~을 풀다(어떤 것에 밀착이나 부착되는 강도를 약하게 하는 것)

**moisten**[mɔ́isn] 축축해지거나 축축하게 하다 *형용사 moist는 '기분 좋게 약간 축축한'

**temple**[témpl] 관자놀이(눈과 귀 사이의, 머리 옆면의 아주 평평한 곳)

**dare**[dɛər] 감히 ~하다, 용기를 내어 ~하다

### Missing words

1. loosened
2. moistened
3. gravely
4. dared to

"I, too, am going back home today..."

Then, sadly

"It is much 1._____... it is much more difficult..."

I realized clearly that something extraordinary was happening. I was holding him close in my arms as if he were a little child; and yet it seemed to me that he was rushing headlong toward an 2._____ from which I could do nothing to restrain him...

His look was very serious, like some one lost far away.

"I have your sheep. And I have the sheep's box. And I have the muzzle..."

And he gave me a sad smile.

I waited a long time. I could see that he was reviving 3._____ _____ _____.

---

"나도, 역시, 오늘 집으로 돌아가…….''

그러더니, 슬프게 -

"그것은(내가 갈 길은) 훨씬 멀고…… 훨씬 더 어려워……."

나는 뭔가 상상치 않은 일이 일어나고 있다는 것을 확실하게 깨달았다. 나는 그를 어린아이처럼 꼭 껴안았다. 그는 내가 그를 제지할 수 있는 것이 아무것도 없는 나락(奈落)으로 곤두박질치고 있는 것 같았다…….

그의 표정은 아득한 곳에서 길을 헤매는 것처럼 심각했다.

"나는 당신의 양을 가지고 있어. 그리고 양을 위한 상자도 있어. 그리고 입마개도 있고……."

그리고 그는 슬픈 미소로 나를 응시했다.

나는 오랜 시간을 기다렸다. 그가 조금씩 조금씩 살아나는 것을 볼 수 있었다.

> **이 문장은 꼭 기억하세요!**

**7** **I was holding him close in my arms / as if he were a little child.**
나는 그를 꼭 껴안고 있었다               마치 그가 어린아이인 것처럼
📖 나는 그를 어린아이처럼 꼭 껴안고 있었다.

> **부사 - close**

-ly가 없는 부사는 특히 미국 구어체 영어에서 많이 볼 수 있습니다. 이 문장에서 쓰인 close는 부사로 사용되어 '접하여, 밀접하여, 바로 곁에'라는 뜻을 나타냅니다. 여기에 closely(면밀하게)가 사용되면 문법에 어긋납니다.

**8** **It seemed to me / that he was rushing headlong toward an**
내 생각에는            그가 나락(奈落)으로 곤두박칠치고 있었다

**abyss / from which I could do nothing to restrain him.**
              내가 그를 제지할 수 있는 것이 아무것도 없었다

📖 그는 내가 그를 제지할 수 있는 것이 아무것도 없는 나락(奈落)으로 곤두박질치고 있는 것 같았다.

> **관계대명사 - 전치사 + 관계대명사**

〈전치사 + 관계대명사〉 다음에는 완전한 문장이 옵니다. 여기에서 전치사를 결정해 주는 것은 관계대명사의 선행사나 관계사절의 동사입니다. 이 문장은 restrain A from doing B(A가 B하지 못하도록 하다)에서 전치사 from이 관계대명사 which 앞에 온 것입니다.

> **이 단어는 꼭 기억하세요!**

**headlong**[hédlɔ̀ːŋ] 거꾸로, 곤두박질로(머리가 먼저 떨어지는 것)
**abyss**[əbís] 끝없이 깊은 구멍, 심연(深淵), 나락(奈落)
**restrain**[riːstréin] **A from B** A가 B하는 것을 제한[억제, 제지]하다

> **Missing words**

1. farther
2. abyss
3. little by little

"Dear little man," I said to him, "you are afraid..."

He was afraid, there was 1._____ _____ about that. But he laughed lightly.

"I shall be much more afraid this evening..."

Once again I felt myself 2._____ _____ the sense of something irreparable. And I knew that I could not bear the thought of never hearing that laughter any more. For me, it was like a spring of fresh water in the desert.

"Little man," I said, "I want to hear you laugh again."

But he said to me:

"Tonight, it will be a year... my star, then, can be found right above the place where I came to the Earth, a year ago..."

"Little man," I said, "tell me that it is only a bad dream – this affair of the snake, and the 3._____-_____, and the star..."

---

"어린 친구," 나는 그에게 말했다. "너는 두려워하고 있구나······."

그는 그 사실에 대해 의심할 여지없이 두려웠다. 그러나 그는 가볍게 웃었다.

"나는 오늘 저녁에 훨씬 더 두려울 거야······."

또다시 나는 돌이킬 수 없는 어떤 것에 대한 생각에 내 자신이 얼어붙는 것 같았다. 그리고 나는 그 웃음소리를 더 이상 들을 수 없게 된다는 생각은 결딜 수 없다는 것을 알았다. 나에게는 사막에서 신선한 물을 지닌 샘 같은 것이었다.

"어린 친구," 나는 말했다. "네 웃음소리를 다시 듣고 싶어."

그러나 그는 이렇게 말했다:

"오늘 밤으로 꼭 일 년이 돼······ 나의 별이, 내가 작년 이맘때쯤 내려온 곳의 바로 위쪽에 보일 거야······."

"어린 친구," 나는 말했다. "그것이 나쁜 꿈이라고 나에게 말해 줘 - 그 뱀이나 약속 장소나 별 같은 이야기는······."

### 이 문장은 꼭 기억하세요!

**9** **Once again / I felt myself frozen / by the sense of something**
또 다시    나 자신이 얼어붙은 것 같았다    돌이킬 수 없는 어떤 것에 대한 생각에
**irreparable.**

📖 또 다시 나는 돌이킬 수 없는 어떤 것에 대한 생각에 내 자신이 얼어붙는것 같았다.

**어순 - 부정대명사 + 형용사**

-thing으로 이루어진 something, anything, everything 등은 형용사가 앞에 오지 않고 뒤에 옵니다. 우리말에서는 '아름다운 그녀, 착한 너, 불쌍한 그들'처럼 형용사가 대명사를 수식할 수 있지만 영어에서는 *beautiful her, good you, miserable them과 같은 표현은 불가능합니다. 마찬가지로 -thing으로 끝나는 부정대명사도 형용사가 앞에서 수식할 수 없습니다.

**10** **I could not bear the thought of / never hearing that laughter**
나는 생각을 견딜 수 없었다    더 이상 그 웃음소리를 들을 수 없었다
**any more.**

📖 그 웃음소리를 더이상 들을 수 없게 된다는 생각은 견딜 수 없었다.

**비교급 - 관용 표현**

시간과 관련하여 '과거에는 ~했는데 지금은 아니다(once but not now)'의 뜻으로는 no longer, not ~ any more, not ~ any longer 등이 있습니다. 특히 not ~ any more 가 구어체 영어에서 흔히 쓰이고 있으며 anymore 는 미국 영어에서는 한 단어처럼 쓰입니다. Ann doesn't live here any more = Ann doesn't live here anymore(Ann은 더 이상 이곳에 살지 않는다.)

### 이 단어는 꼭 기억하세요!

**no doubt**[daut] 확실히, 의심할 바 없이 * 어떤 것이 틀림없는 사실로 생각된다고 강조할 때 사용

**irreparable**[irépərəbl] 고칠 수 없는, 치료할 수 없는(너무 나빠서 수리하거나 개선할 수 없는)

**can't bear**[bɛər] 참지 못하다(어떤 것을 몹시 싫어하거나 화나 짜증을 내는 것)

### Missing words

1. no doubt
2. frozen by
3. meeting-place

Day
21
22
23
24
25
26
27
28
29
30

But he did not answer my 1._____. He said to me, instead: "The thing that is important is the thing that is not seen..."

"Yes, I know..."

"It is 2._____ _____ it is with the flower. If you love a flower that lives on a star, it is sweet to look at the sky at night. All the stars are a-bloom with flowers..."

"Yes, I know..."

"It is just as it is with the water. Because of the pulley, and the rope what you gave me to drink was like music. You remember – how good it was."

"Yes, I know…"

"And at night you will look up at the stars. Where I live everything is so small that I cannot show you where my star is to be found. It is better, like that. My star will just be one of the stars, for you. And so you will love to watch all the stars in the heavens... they will all be your friends. And, 3._____, I am going to make you a present..."

---

하지만 그는 내 간청에 대답하지 않았다. 그는 대신 이렇게 말했다: "중요한 것은 눈에 보이지 않아……."

"그래, 알아……."

"꽃도 마찬가지야. 만약 네가 어느 별에 사는 꽃을 사랑한다면 밤에 하늘을 바라보는 게 즐거울 거야. 모든 별들에는 꽃들이 활짝 웃고 있을 테니까……."

"그래……."

"물도 마찬가지야. 도르래와 밧줄 덕분에 당신이 내게 마시라고 준 물은 음악 같은 거였어. 당신은 기억하겠지 - 물맛이 얼마나 좋았는지."

"그래 알아……."

"그리고 밤에 당신은 별들을 바라볼 거야. 내가 사는 곳은 모든 게 너무 작아서 내 별이 어디에서 발견되는지 당신에게 보여줄 수 없어. 그 편이 더 좋아. 내 별은 당신에게는 여러 별 중의 하나가 되는 거지. 그럼 당신은 하늘에 있는 모든 별을 바라보는 게 즐거울 테니까…… 별들은 모두 당신의 친구가 될 거야. 그리고 내가 너에게 선물을 하나 주려고 해……."

> 이 문장은 꼭 기억하세요!

**11** If you love a flower that lives on a star, it is sweet to look at the sky at night.

📖 만약 네가 어느 별에 사는 꽃을 사랑한다면 밤에 하늘을 바라보는 게 즐거울 거야.

🔹 **부정사 - 형용사 + to부정사**

형용사의 특성에 따라 to부정사와 함께 쓰이거나 현재분사와 함께 쓰이는 것들이 있습니다. 이 문장에서 쓰인 형용사 sweet (유쾌한, 즐거운, 고마운, 친절한)은 to 부정사와 함께 쓰이는 형용사입니다.

**12** I am going to make you a present.

📖 내가 너에게 선물을 하나 주려고 해.

🔹 **동사 - make**

제4형식 문장(S + V + IO + DO)에 사용되는 동사는 그 동작이 영향을 미치는 대상인 목적어가 2개 필요합니다. 하나는 '~에게'에 해당하는 간접목적어이고 다른 하나는 '~ 을'에 해당하는 직접목적어입니다. 대체로 간접목적어는 사람(you)이고 직접목적어는 사물(a present)입니다.

---

🔹 **이 단어는 꼭 기억하세요!**

**plea**[pli:] 요청, 탄원(긴급하고 매우 감정적임)
**sweet**[swi:t] 상쾌한, 유쾌한, 즐거운(기분 좋고 만족스럽게 느끼게 하는)
**bloom**[blu:m] 꽃 한 송이, 꽃들

**Missing words**

1. plea
2. just as
3. besides

# Day 29

He laughed again.

"Ah, little prince, dear little prince! I love to hear that 1._____!"

"That is my present. Just that. It will be as it was when we drank the water…"

"What are you trying to say?"

"All men have the stars," he answered, "but they are not the same things for different people. For some, who are travelers, the stars are guides. For others they are no more than little lights in the sky. For others, who are 2._____, they are problems. For my businessman they were wealth. But all these stars are silent. You – you alone – will have the stars as 3._____ _____ _____ has them – "

"What are you trying to say?"

"In one of the stars I shall be living. In one of them I shall be laughing. And so it will be as if all the stars were laughing, when you look at the sky at night… you – only you – will have stars that can laugh!"

........................................................................................

그는 다시 웃었다.
"아, 어린 왕자, 사랑스러운 어린 왕자! 난 그 웃음소리가 좋아!"
"그게 내 선물이야. 우리가 물을 마실 때와 마찬가지야……."
"무슨 뜻이지?"
"모든 사람들은 별을 갖고 있어." 그가 대답했다. "하지만 사람에 따라 별은 서로 다른 존재야. 여행자에게는, 별이 길잡이지. 또 어떤 사람들에겐 그저 작은 빛일 뿐이야. 학자에게는 연구해야 할 대상이야. 사업가에게는 재산이지. 하지만 이 모든 별들은 침묵을 지키고 있어. 당신은 - 당신 혼자 - 다른 누구도 갖지 못한 별들을 가지게 될 거야 -"
"무슨 말을 하려는 거야?"
"당신이 밤하늘을 바라볼 때…… 내가 별들 중의 하나에서 살고 있을 테니까. 내가 별들 중 하나에서 웃고 있을 테니까. 그리고 모든 별들이 다 웃고 있는 듯 보일 거야. 당신 - 당신만이 - 웃을 줄 아는 별들을 갖게 되는 거야!"

### 이 문장은 꼭 기억하세요!

**1** For some, who are travelers, the stars are guides. For others they are no more than little lights in the sky.

📖 여행을 하는 어떤 사람들에게는, 별은 길잡이고, 다른 사람들에게는 밤하늘의 작은 빛에 불과하다.

#### 부정대명사 - some, others

부정대명사 some ~ others(~하는 사람도 있고, ~하는 사람도 있다)는 불특정한 많은 수의 사람[사물]을 막연히 말할 때 씁니다. 그러나 some ~ the others는 두 개 이상의 것과 두 개 이상인 나머지를 가리킵니다. There are five reports. Some of them are written in French and the others are in German. (다섯 개의 보고서가 있다. 그 중 몇 개는 프랑스어로, 나머지는 독일어로 되어 있다.)

**2** And so it will be as if all the stars were laughing, when you look at the sky at night.

📖 그리고 당신이 밤에 하늘을 바라볼 때, 모든 별들이 웃고 있는 것처럼 보일 거야.

#### 대명사 - it

이 문장의 it은 막연한 환경, 상황, 마음속에 있거나 화제에 오른 일을 가리키는 이른바 '상황의 it'입니다. 주어로 쓰이는 경우 '그것'이라고 해석하지 않습니다.

### 이 단어는 꼭 기억하세요!

**scholar**[skálər] 학자(특정 분야에 대해 많이 알고 있는 사람)

**wealth**[welθ] 부(富), 큰 재산(어떤 사람이 소유한 많은 돈이나 재산 등)

### Missing words

1. laughter
2. scholars
3. no one else

And he laughed again.

"And when your sorrow is comforted (time 1._____ all sorrows) you will be content that you have known me. You will always be my friend. You will want to laugh with me. And you will sometimes open your window, so, for that pleasure... and your friends will be 2._____ astonished to see you laughing as you look up at the sky! Then you will say to them, 'Yes, the stars always make me laugh!' And they will think you are crazy. It will be 3._____ _____ _____ _____ that I shall have played on you..."

And he laughed again.

"It will be as if, in place of the stars, I had given you a great number of little bells that knew how to laugh..."

And he laughed again. Then he quickly became serious:

"Tonight – you know... do not come," said the little prince.

"I shall not leave you," I said.

---

그리고 어린 왕자는 다시 웃었다.

"그리고 당신의 슬픔이 진정되면 (시간은 모든 슬픔을 진정시키니까) 당신은 나와 알게 된 것을 기뻐하게 될 거야. 당신은 언제나 나의 친구로 남을 거야. 나와 함께 웃고 싶을 거고. 그래서 이따금 그런 기쁨을 위해서 창문을 열겠지……. 그럼 당신 친구들은 당신이 하늘을 바라보며 웃는 걸 보고 깜짝 놀라겠지! 그러면 당신은 그들에게 이렇게 말하겠지. '그래, 별을 보면 언제나 웃음이 나와!' 그들은 당신이 미쳤다고 생각하겠지. 난 그럼 당신에게 짓궂은 장난을 친 셈이 되겠지……."

그리고 그는 다시 웃었다.

"별들이 아니라 웃을 줄 아는 수많은 작은 방울을 내가 당신에게 준 셈이 되겠지……."

그리고 그는 다시 웃었다. 그러더니 그는 갑자기 다시 심각해졌다:

"오늘 밤은 - 너도 알다시피…… 오지 마." 어린 왕자가 말했다.

"난 네 곁을 떠나지 않을 거야." 나는 말했다.

## 3. It will be a very shabby trick / that I shall have played on you.
그것은 몹시 짓궂은 장난일 것이다　　　　내가 당신에게 한 셈이 될 것이다

📖 난 그럼 당신에게 몹시 짓궂은 장난을 친 셈이 될 것이다.

### 동사의 시제 - 미래완료

미래완료(shall + have + p.p)는 '미래에서 본 과거(past in the future)', 즉 미래 어느 한 시점을 기준으로 해서 이미 그 이전에 완료되었음을 나타냅니다. 이 경우 미래의 기준이 되는 어느 한 시점이 문장에 제시되며, 그 시점에서 어떤 행위나 상황이 이미 완료될 것임을 나타냅니다.

### 이 단어는 꼭 기억하세요!

**soothe**[suːð] ~을 완화하다, 편하게 하다, 가볍게 하다(몸의 일부나 마음의 아픔을 적게하는것)

**content**[kəntént] (that) ~을 만족하는(자기가 가진 것, 또는 자기가 하는 일을 즐기거나 만족하는)

**astonish**[əstániʃ] ~을 (몹시) 놀라게 하다, 깜짝 놀라게 하다(어떤 사람을 몹시 놀라게 하는 것)

**shabby**[ʃǽbi] 비열한, 야비한, 수치스러운(사람을 다루는 태도가 정당하지 않거나 잘못된 것임)

### Missing words

1. soothes
2. properly
3. a very shabby trick

"I shall look as if I were 1._____. I shall look a little as if I were dying. It is like that. Do not come to see that. It is not worth the trouble..."

"I shall not leave you." But he was worried.

"I tell you – it is also because of the snake. He must not bite you. Snakes – they are 2._____ creatures. This one might bite you just for fun..."

"I shall not leave you."

But a thought came to reassure him:

"It is true that they have no more poison for a second bite."

That night I did not see him set out on his way. He 3._____ _____ _____ me without making a sound. When I succeeded in catching up with him he was walking along with a quick and 4._____ step. He said to me merely:

"Ah! You are there..."

And he took me by the hand. But he was still worrying.

---

"내가 힘들어하는 것처럼 보일 거야. 죽어가는 것처럼 보일 거야. 그런 거야. 그런 걸 보러 오지 마. 그것은 수고의 가치가 없어……."

"난 네 곁을 떠나지 않겠어." 그러나 그는 걱정스러웠다.

"내가 너에게 말하는 건 - 역시 뱀 때문이야. 뱀이 당신을 물면 안 되거든. 뱀은 - 그들은 포악한 동물이야. 재미삼아 너를 물 수도 있어……."

"난 네 곁을 떠나지 않을 거야."

그러나 그는 어떤 생각을 하고는 안심하는 듯했다:

"두 번째 물 때는 독이 없다는 게 사실이야."

그날 밤 나는 그가 떠나는 것을 보지 못했다. 그는 소리도 없이 사라져 버린 것이다. 뒤쫓아 가서 그를 보았을 때 그는 빠른 걸음으로 단호하게 걷고 있었다. 그는 이렇게 말할 뿐이었다:

"아! 당신이 거기 있군……."

그리고 그는 내 손을 잡았다. 그러나 그는 여전히 걱정하고 있었다.

### 4  **He took me** / **by the hand**.
그가 나를 잡았다    내 손을

📖 그는 내 손을 잡았다.

#### 관사 - 정관사 the

명사 hand는 가산명사이기 때문에 정관사나 부정관사를 수반합니다. 그리고 신체의 일부를 나타내는 명사가 정관사 the를 수반하여 전치사구를 나타내는 특수한 용법이 있습니다.

---

#### 이 단어는 꼭 기억하세요!

**malicious**[məlíʃəs] 악의 있는, 심술궂은(남을 해치고자 하는 마음임)

**resolute**[rézəlùːt] 결심이 굳은, 의지가 굳은, 단호한, 확고한(굳게 결심한, 또는 결심을 나타내는 것)

**merely**[míərli] 단지, 오직(어떤 것이 더 많거나 적지도 않고 말한 그대로임을 강조)

#### Missing words

1. suffering
2. malicious
3. got away from
4. resolute

"It 1._____ _____ _____ you to come. You will suffer. I shall look as if I were dead; and that will not be true…"

I said nothing.

"You understand… it is too far. I cannot carry this body with me. It is too heavy."

I said nothing.

"But it will be like an 2._____ _____ shell. There is nothing sad about old shells…"

I said nothing.

He was a little discouraged. But he made one 3._____ _____:

---

"당신이 온 건 잘못이었어. 당신은 고통스러울 거야. 내가 죽은 것처럼 보일 테니까. 진짜로 죽는 건 아니야……."

나는 아무 말도 하지 않았다.

"알다시피…… 갈 길이 너무 멀어. 이 몸을 가지고 갈 수는 없어. 너무 무거워서."

나는 침묵을 지켰다.

"내 몸은 낡아서 버려진 껍데기 같을 거야. 낡은 껍데기를 보고 슬퍼할 건 없어……."

나는 아무 말도 하지 않았다.

그는 조금 풀이 죽어 있었다. 그러나 다시 한 번 힘을 냈다:

### 이 문장은 꼭 기억하세요!

**5** **It was wrong / of you to come.**
그것은 잘못이다   당신이 온 것은

📖 당신이 온 것은 잘못이었어. (=You were wrong to come.)

**부정사 - 의미상의 주어**

to부정사의 의미상 주어는 기본적으로 〈for + 목적격〉의 형태를 취하지만, 특정 형용사 뒤에서는 of를 쓰기도 합니다. 부정사의 의미상 주어 앞에 전치사 of를 사용하는 형용사는 to 이하를 근거로 삼아 주어를 일시적으로 평가(칭찬, 비난 관련 형용사)할 때 씁니다. 그래서 I나 we인 1인칭을 주어로 쓸 수 없습니다.

**6** **There is nothing sad / about old shells.**
슬픈 어떤 것이 없다                낡은 조개껍질에는

📖 낡은 조개껍질에는 슬픈 어떤 것이 없다.

**전치사 - about**

어떤 사람이나 사물의 속성이나 특성으로서 '~에는'이라는 뜻을 지닌 전치사는 about를 사용하며 전치사 with를 사용하지 않습니다. 전치사 about의 본래 의미는 X about Y에서 about는 Y의 위나 주위에 X가 존재할 장소가 여러 개 있을 수 있음을 나타냅니다. 그래서 어떤 사람이 있을 때 우리는 그 사람의 '어떤 점에 대하여' 살펴볼 수 있습니다. There's something weird about him. (그에게는 어딘지 기이한 데가 있다.)

### 이 단어는 꼭 기억하세요!

**abandoned**[əbǽndənd] 버려진, 버림받은(더 이상 쓰이지 않거나 돌보지 않는 것)

**discourage**[diskə́ːridʒ] 용기를 잃게 하다, ~을 낙담[좌절, 실망] 시키다(어떤 일을 하는데 자신을 잃거나 하고 싶어 하지 않게 만드는 것)

### Missing words

1. was wrong of
2. old abandoned
3. more effort

Day 21 22 23 24 25 26 27 28 29 30

"You know, it will be very nice. I too, shall look at the stars. All the stars will be wells with a 1._____ pulley. All the stars will pour out fresh water for me to drink…"

I said nothing.

"That will be 2._____ _____! You will have five hundred million little bells, and I shall have five hundred million springs of fresh water…"

And he too said nothing more, because he was crying.

"Here it is. Let me go on 3._____ _____."

And he sat down, because he was afraid. Then he said, again:

---

"참 멋질 거야. 나도 별을 바라볼 거야. 모든 별이 녹슨 도르래가 있는 우물로 보이게 될 거야. 모든 별이 내게 마실 신선한 물을 부어 줄 거야……."

나는 아무 말도 하지 않았다.

"참 재미있겠지! 당신은 5억 개의 작은 방울들을 가지게 되고 난 5억 개의 샘물을 가지게 될 테니……."

그리고 그도 역시 아무 말이 없었다. 그가 울고 있었기 때문이다.

"저기, 나 혼자 걸어가게 내버려 둬."

하지만 그는 두려워서 그 자리에 주저앉고 말았다. 그가 다시 말했다:

### 7. All the stars will pour out fresh water / for me to drink.
모든 별들은 신선할 물을 부어줄 것이다       내가 마실

📖 모든 별이 내게 마실 신선한 물을 부어 줄 거야.

**부정사 - 의미상의 주어**

to부정사의 의미상의 주어는 to부정사가 나타내는 행위와 상태 등의 주체로 '누가 ~을 하다'는 뜻입니다. 〈for + 의미상의 주어〉에 해당하는 어구를 to부정사 바로 앞에 놓습니다. 이 문장에서는 fresh water가 to부정사의 의미상의 목적어입니다.

---

**이 단어는 꼭 기억하세요!**

**rusty**[rʌ́sti] 녹슨 명사 * rust는 철·강철 등에 습기가 찰 때 형성되는 적갈색의 물질인 '녹'

**pour**[pɔːr] **out** 마구 쏟아지다, 들어붓다

**Missing words**

1. rusty
2. so amusing
3. by myself

"You know – my flower... I am responsible for her. And she is so weak! She is so naive! She has four 1._____, of no use 2._____ _____, to protect herself against all the world..."

I too sat down, because I was not able to stand up 3._____ _____.

"There now – that is all..."

He still hesitated a little; then he got up. He took one step. I could not move.

There was nothing there but 4._____ _____ _____ yellow close to his ankle. He remained motionless for an instant. He did not cry out. He fell as gently as a tree falls. There was not even any sound, because of the sand.

"너도 알다시피 - 내 꽃 말인데…… 나는 그 꽃에 책임이 있어. 더구나 그 꽃은 몹시 연약하거든! 몹시도 순진하고! 쓸모없는 네 개의 가시를 가지고 외부 세계에 대해 자기 몸을 지키려고 하고……."

나는 더 이상 서 있을 수가 없어서 앉았다. 그가 말했다.

"이제 - 다 끝났어……."

그는 여전히 조금 주저하더니 일어섰다. 한 발자국을 내디뎠다. 나는 움직일 수가 없었다.

그의 발목 쪽에서 노란 한줄기 빛이 번쩍했을 뿐이었다. 그는 잠시 동안 움직이지 않고 있었다. 그는 소리치지 않았다. 나무가 쓰러지듯 그는 조용히 쓰러졌다. 모래 때문에 아무 소리도 나지 않았다.

### 이 문장은 꼭 기억하세요!

**8. He remained motionless / for an instant.**
그는 움직이지 않고 있었다  　　　　잠시 동안

📖 그는 잠시 동안 움직이지 않고 있었다.

#### 동사 - remain

어떤 상태나 조건이 계속 유지되어 '여전히 ~한 상태에 있다'는 뜻을 지닌 동사 remain이 형용사와 결합되면, 이 형용사는 주어를 수식·설명합니다. He remained silent.(그는 말없이 있었다.) 또한 부사와 연결되면 He remained quietly in the corner. (그는 가만히 구석에 남아 있었다.) 이때는 자동사로 '남아 있다'는 뜻입니다.

**9. He fell as gently / as a tree falls.**
그는 소리 없이 쓰러졌다  　　나무가 쓰러지듯이

📖 나무가 쓰러지듯 그는 조용히 쓰러졌다.

#### 비교급 - 원급

비교되는 두 개의 대상이 '같은 정도라는 것'을 나타내는 경우 〈as + 원급 + as〉 '~만큼 ~하다'을 사용합니다. 원급이 주어를 설명·수식하는 경우에는 형용사, 동사를 설명·수식하는 경우에는 부사가 쓰입니다. 이 문장에서는 동사(fell, falls)를 수식하기 때문에 부사 gently가 쓰인 것입니다.

### 이 단어는 꼭 기억하세요!

**hesitate**[hézətèit] 주저하다, 망설이다(확신하지 못하기 때문에 어떤 일을 하거나 말하기 전에 지체하는 것)

**motionless**[móuʃənlis] 전혀 움직이지 않는, 가만히 있는, 정지한

**instant**[ínstənt] 시간의 한순간, 즉시

### Missing words

1. thorns
2. at all
3. any longer
4. a flash of

  **30** Day

And now six years have already gone by...

I have never yet told this story. The companions who met me on my return were well content to see me alive. I was sad, but I told them: "I am tired."

Now my sorrow is comforted a little. That is not to say – not 1._____. But I know that he did go back to his planet, because I did not find his body at daybreak. It was not such a 2._____ _____... and at night I love to listen to the stars. It is like five hundred million little bells...

But there is one extraordinary thing... when I drew the muzzle for the little prince, I forgot to add the 3._____ _____ to it. He will never have been able to fasten it on his sheep. So now I keep wondering: what is happening on his planet? Perhaps the sheep has eaten the flower...

........................................................................................................

그리고 지금은 벌써 여섯 해가 지나갔다…….

나는 이 이야기를 아직까지 한 번도 하지 않았다. 나의 귀환 때 나를 만난 친구들은 내가 살아 돌아온 걸 매우 만족해 한다. 나는 슬펐지만, 친구들에게 말했다: "나는 피곤해."

이제는 내 슬픔도 다소 누그러졌다. 다시 말해 - 슬픔이 완전히 사라진 것은 아니다. 하지만 나는 그가 자기 별로 돌아갔다는 걸 알고 있다. 새벽에 그의 몸을 발견하지 못했기 때문이었다. 그다지 무겁지 않은 몸이었다…… 그리고 밤이면 나는 별들에 귀 기울이기를 좋아한다. 그것들은 흡사 5억 개의 작은 방울 같다…….

그런데 한 가지 특별한 일이 있다…… 내가 어린 왕자를 위해 입마개를 그렸을 때, 나는 가죽 끈을 붙이는 걸 깜박한 것이다. 그는 결코 양에게 입마개를 매 줄 수가 없을 것이다. 그래서 나는 계속 궁금하다: 그의 별에서 무슨 일이 일어나고 있을까? 아마 양이 꽃을 먹지는 않았을까…….

> 이 문장은 꼭 기억하세요!

**1** **I know / that he did go back to his planet, / because I did not**
나는 알고 있다    그가 정말로 자기 별로 돌아갔다                     내가 그의 몸을 찾지
**find his body / at daybreak.**
못했기 때문에         동틀 녘에

📖 나는 그가 자기 별로 돌아갔다는 것을 알고 있다, 왜냐하면 동틀 녘에 그의 몸을 발견하지 못했기 때문이었다.

> 조동사 - do

조동사 do(does, did)는 가장 대표적인 조동사로서 그 자체는 아무런 뜻이 없으며, 단지 조동사를 필요로 하는 곳에서 제 역할을 할 뿐입니다. 1) did go back에서는 문장 전체의 뜻을 강조하여 말하는 사람의 말하는 내용에 대하여 강한 감정을 나타내고 2) did not find에서는 부정문을 만드는 조동사입니다.

**2** **At night / I love to listen / to the stars.**
밤에           나는 듣는 것을 좋아한다    별들을 향하여

📖 밤이면 나는 별들에 귀 기울이기를 좋아한다.

> 준동사 - 부정사 / 동명사를 목적어로 취하는 동사

동사 love는 동명사와 부정사는 둘 다 목적어로 사용되며 의미상 차이도 없습니다.

**3** **I keep wondering.**

📖 나는 계속 궁금하다.

> 준동사 - 부정사 / 동명사를 목적어로 취하는 동사

동사 keep은 동명사(wondering)만을 목적어로 취합니다.

---

> 이 단어는 꼭 기억하세요!

**companion**[kəmpǽnjən] 친구, 벗(오랜 시간 함께 지내거나 함께 어딘가에 가는 사람이나 동물)
**daybreak**[déibrèik] 새벽(아침 햇빛이 처음 나타나는 때)
**strap**[stræp] 끈, 띠(어떤 사물을 운반하거나 고정시키기 위해 사용하는 가늘고 긴 끈) * leather strap 가죽끈

**Missing words**

1. entirely
2. heavy body
3. leather strap

At one time I say to myself: "Surely not! The little prince shuts his flower under her glass globe every night, and he watches over his sheep very carefully..." Then I am happy. And there is 1._____ in the laughter of all the stars.

But at another time I say to myself: "At some moment or other one is 2._____-_____, and that is enough! On some one evening he forgot the glass globe, or the sheep got out, without making any noise, in the night..." And then the little bells are changed to tears...

Here, then, is a great 3._____. For you who also love the little prince, and for me, nothing in the universe can be the same if somewhere, we do not know where, a sheep that we never saw has – yes or no? – eaten a rose.

어느 때는 내 스스로 말한다: "당연히 먹지 않았겠지! 어린 왕자는 그의 꽃을 매일 밤 유리 덮개로 덮겠지. 그리고 양을 매우 잘 지켜볼 테고……." 그러면 나는 행복해진다. 그리고 모든 별들이 달콤하게 웃는다.

그러나 어떤 때는 내 스스로 말한다: "어쩌다 정신이 딴 데 팔릴 수도 있지. 그러면 끝장인데! 어느 날 밤 그가 유리 덮개를 잊었거나, 양이 밤중에 소리 없이 밖으로 나왔을지도 몰라……." 그리고 작은 방울들은 눈물로 변한다…….

여기엔, 그래서, 큰 수수께끼가 있다. 어린 왕자를 사랑하는 여러분이나 나에게도 그렇듯이, 우리가 모르는 어딘가에서, 우리가 본 적 없는 한 마리 양이 한 송이 장미를 먹었느냐 - 먹지 않았느냐? - 에 따라서 우주가 달라질 수 있다.

**4** **The little prince shuts his flower / under her glass globe /**
어린 왕자는 꽃을 덮는다                       유리 덮개로

**every night.**
매일밤

📖 어린 왕자는 그의 꽃을 매일 밤 유리 덮개로 덮는다.

### 명사 - 부사적 용법

명사의 부사적 용법이란 대체로 전치사가 생략된 부사구로 볼 수 있습니다. 즉 전치사는 이른바 기능어(Function word, 의미보다는 문장 속에서 다른 말과의 관계를 나타내는 말)이므로 문장 전체의 의미에 지장을 주지 않을 경우는 생략하는 일이 많습니다. 특히 시간을 나타내는 명사(구) 앞에 in, at, on 등이 생략됩니다. 이 문장에서는 명사구 every night가 전치사 없이 부사구처럼 쓰인 것입니다.

### 이 단어는 꼭 기억하세요!

**absent-minded**[ǽbsənt-màindid] 방심 상태의, 얼이 빠진, 잘 잊어버리는(딴 일을 생각하고 있기 때문에 사물을 곧잘 잊거나 깨닫지못함)

### Missing words

1. sweetness
2. absent-minded
3. mystery

Look up at the sky. Ask yourselves: is it yes or no? Has the sheep eaten the flower? And you will see how everything changes...

And no grown-up will ever understand that this is a matter of so much 1._____!

## Epilogue

This is, to me, the loveliest and 2._____ _____ in the world. It is the same as that on the preceding page, but I have drawn it again to impress it on your memory. It is here that the little prince appeared on Earth, and disappeared.

Look at it carefully so that you will be sure to 3._____ it in case you travel some day to the African desert. And, if you should come upon this spot, please do not hurry on. Wait for a time, exactly under the star. Then, if a little man appears who laughs, who has golden hair and who 4._____ to answer questions, you will know who he is. If this should happen, please comfort me. Send me word that he has come back.

---

하늘을 바라보라. 자기 자신에게 물어봐라: 양이 꽃을 먹었을까 안 먹었을까? 그러면 거기에 따라 모든 것이 달라짐을 여러분은 알게 될 것이다…….

그리고 이것이 그렇게도 중요하다는 걸 이해하는 어른들은 아무도 없을 것이다!

### 맺음말

이것은, 나에게, 세상에서 가장 아름답고 또 가장 슬픈 풍경이다. 이것은 앞 페이지의 것과 같지만 여러분의 기억에 남기기 위해 다시 한 번 그린 것이다. 어린 왕자가 지상에 나타났다가 다시 사라진 곳이 여기다.

이 그림을 찬찬히 잘 봐 두었다가 여러분이 나중에 아프리카 사막을 여행할 때, 이곳을 꼭 알아볼 수 있기를 바란다. 그리고 당신이 만약 이곳을 지나가게 되면, 걸음을 서두르지 말라. 별빛 바로 아래에서 잠깐 동안 기다려 보라. 그런 다음에, 만일 어떤 어린 친구가 웃으며 다가오면, 머리칼이 금빛이고, 묻는 말에 대답을 하지 않으면 여러분은 그가 누구인지 알 것이다. 그런 일이 생기면, 꼭 나를 위로해 줘라. 그가 돌아왔다고 내게 연락해 주길 바란다.

## 5. This is, to me, the loveliest and saddest landscape in the world.
📖 이것은, 나에게, 세상에서 가장 아름답고 또 가장 슬픈 풍경이다.

### 관사 - 정관사 the

정관사 the가 lovely(사랑스러운), sad(슬픈)처럼 정도의 차이를 나타낼 수 있는 이른바 '등급 형용사'의 최상급과 함께 쓰였습니다. 이런 형용사들의 최상급 형태는 그 다음에 놓인 명사의 지시 범위를 좁히는 역할을 하게 되면, 때로는 어느 하나의 대상만을 가리키게 됩니다. 즉 이들의 수식을 받는 대상은 특정하고 유일한 것이 되기 때문에 정관사 the와 함께 쓰이는 것입니다. 즉 정관사 the는 형용사를 특정화시키는 역할을 합니다.

### 이 단어는 꼭 기억하세요!

**landscape**[lǽndskèip] 풍경, 경치(넓은 범위의 땅을 건너다보았을 때에 보이는것)

**preceding**[prisíːdiŋ] 선행하는, 앞선(어떤 사람이나 어떤 일에 앞서 일어나는것)

**come upon**[kʌm əpán] 우연히 무엇을 찾거나 발견하다

**send word**[send wəːrd] 소식을 알리다

### Missing words

1. importance
2. saddest landscape
3. recognize
4. refuses

# ★ Vocabulary Check A ★

| | | |
|---|---|---|
| 1 | moan | ✓ |
| 2 | Mass | ☐ |
| 3 | fair | ☐ |
| 4 | flush | ☐ |
| 5 | reassure | ☐ |
| 6 | moisten | ☐ |
| 7 | abyss | ☐ |
| 8 | irreparable | ☐ |
| 9 | plea | ☐ |
| 10 | astonish | ☐ |
| 11 | resolute | ☐ |
| 12 | discourage | ☐ |
| 13 | hesitate | ☐ |
| 14 | absent-minded | ☐ |
| 15 | preceding | ☐ |

# ★ Vocabulary Check B ★

| 1 | ~을 높이 올리다, 들어올리다 | | ✓ |
|---|---|---|---|
| 2 | 약속을 지키다 | | ☐ |
| 3 | ~을 연필 스케치하다 | | ☐ |
| 4 | 내려감[옴], 하강 | | ☐ |
| 5 | 산산이, 뿔뿔이 | | ☐ |
| 6 | 겉보기(만)의, 표면상의, 외견상의 | | ☐ |
| 7 | 감히 ~하다, 용기를 내어 ~하다 | | ☐ |
| 8 | 부(富), 큰 재산 | | ☐ |
| 9 | ~을 만족하는 | | ☐ |
| 10 | 비열한, 야비한, 수치스러운 | | ☐ |
| 11 | 버려진, 버림받은 | | ☐ |
| 12 | 마구 쏟아지다, 들어붓다 | | ☐ |
| 13 | 전혀 움직이지 않는, 가만히 있는, 정지한 | | ☐ |
| 14 | 친구, 벗 | | ☐ |
| 15 | 소식을 알리다 | | ☐ |

### 바로바로 영어 독학 첫걸음
**이민정 엮음 | 148*210mm | 420쪽**
**15,000원(mp3 CD 포함)**

### Nice 기초 영문법 완전정복
**이수용 저 | 188*257mm | 228쪽**
**14,000원**

### 탁상용 1일 5분 영어 완전정복
**이원준 엮음 | 140*128mm | 368쪽**
**14,000원(mp3 파일 무료 제공)**

### 읽을수록 재미있는 리딩 보카
**신재현 저 | 188*258mm | 304쪽**
**16,500원**